조나단 고포스

당신이 하나님을 더 깊이 알아 가고 더 널리 알리는 사람이 되는 것, 이 책에 담긴 예수전도단의 마음입니다. 말씀을 통해 저자가 깨닫고, 원고를 통해 저희가 누릴 수 있었던 그 감동이 책을 통해 당신에게도 전해지기 원합니다. 그리고 당신을 통해 그 기쁨과 은혜가 더 많은 이들에게 계속해서 흘러가기를 기도하겠습니다. 이 책을 통해 당신이 받은 은혜를 다른 분들에게도 나눠 주십시오. 사랑하고 축복합니다.

Copyright © 2001 by Janet and Geoff Benge
Originally published in English under the title
Christian Heroes: Jonathan Goforth
published by YWAM Publishing
P. O. Box 55787, Seattle, WA 98155, USA
All Rights Reserved.

Korean Copyright © 2014 by YWAM Publishing Korea

본 저작물의 한국어판 저작권은 도서출판 예수전도단에 있습니다.
저작권법에 의해 보호받는 저작물이므로 무단 전재와 복제를 금합니다.

중국의 문이 열리다

조나단 고포스

자넷 & 제프 벤지 지음 | 안정임 옮김

믿음의 영웅들 시리즈 15

예수전도단

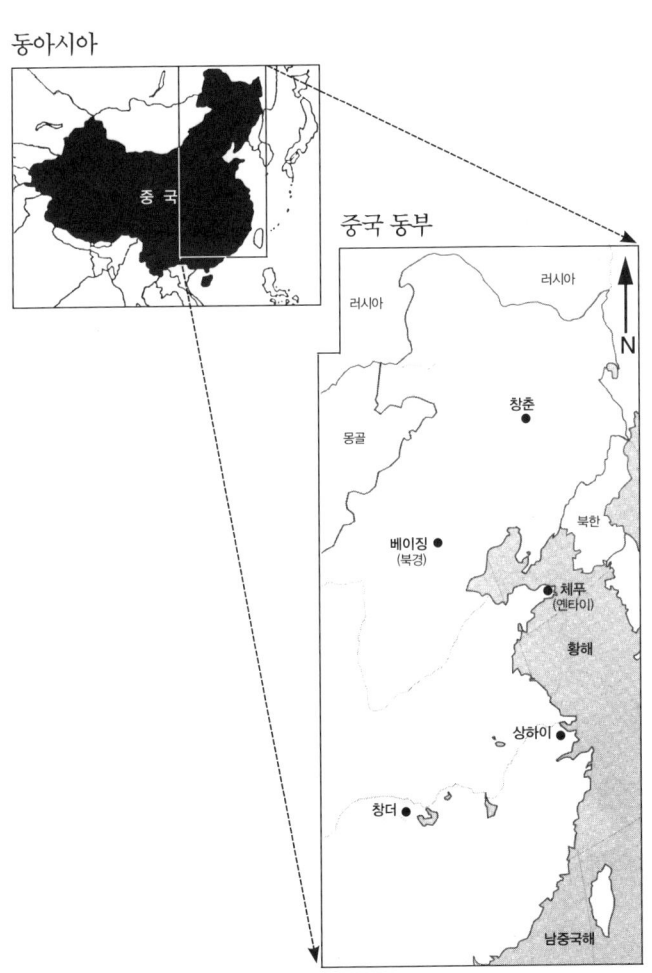

Contents

한국어판 편집자 서문

1. 죽을 고비를 두 번 넘기고 11

헛간 중간에 서서 나무를 묶은 밧줄을 끌어당기고 있을 때 어디선가 한 여인의 날카로운 외침소리가 들렸다. "조심해요! 나무들이 떨어지고 있어요!" 빨리 피해야 한다는 생각이 스쳤지만 그럴 만한 시간이 없었다.

2. 시골뜨기 27

여기저기서 킥킥거리는 웃음소리가 들리더니 곧이어 식당 전체가 떠나갈 듯 학생들이 배꼽을 잡고 웃어대기 시작했다. 조나단의 얼굴은 홍당무처럼 빨개졌다.

3. 아름다운 청혼 41

함께 이야기하던 도날드에게 양해를 구하고 그는 오브라이언 씨와 아가씨 곁으로 다가갔다. 멋진 차림새로 앉아 있는 아가씨를 보면서 조나단은 자신의 초라한 옷차림과 낡은 구두가 신경 쓰였다.

4. 꿈에 그리던 중국으로 59

"서양 귀신이다!" 한 여인이 조나단을 바라보며 소리를 질렀다. 순식간에 모든 사람들의 시선이 외국인 침입자에게로 쏠렸다. 사람들의 고함과 욕하는 소리가 들려오고, 날아오는 돌들이 등을 내리쳤다..

5. 열린 문 95

왕푸린이 일어나 사람들에게 이야기를 시작하자 조나단은 놀라움을 감출 수가 없었다. 예수님이 어떻게 자신을 아편 중독에서 벗어나게 해주셨는지를 간증할 때, 사람들은 모두 숨을 죽이고 귀를 기울였다.

6. 목숨을 건 피난길 ········· 119

> 돌들이 소나기처럼 날아오더니 곧이어 더 끔찍한 것들이 날아들었다. 총알이었다. 소 몇 마리가 총에 맞아 그 자리에 풀썩 주저앉았다. 바위 옆에 고꾸라진 소의 등에서 뼈가 으스러지는 소리가 들렸다.

7. 행복한 떠돌이 전도자 ········· 171

> "한 가지 궁금한 점을 대답해 주시오. 당신이 준 성경이라는 책에 어찌 그리 희한한 힘이 있는지 모르겠소. 전에는 뇌물을 받고 부당한 판결을 하기가 일쑤였는데, 이 책을 읽으면서부터는 그런 부당한 판결을 하면 잠이 오지 않는다오."

8. 끝나지 않은 임무 ········· 197

> "선교사님께서 가는 곳이라면 굶는 한이 있더라도 이 세상 끝까지 따라가겠습니다. 제 안에서 일어난 기적 같은 변화의 힘이 무엇인지 꼭 알고 싶습니다. 전에는 죽도록 미워하던 것도 이제는 좋아졌습니다."

9. 예수 그리스도의 충성된 종 ········· 217

> 조나단의 전도로 주님을 믿게 된 만주의 신자들이 사랑하는 선교사의 마지막 모습을 보기 위해 인산인해를 이루고 있었다. 조나단은 자신이 그들을 얼마나 마음 깊이 사랑하는지 마지막으로 보여 주고 싶었다.

조나단 고포스에게 배우는 선교적인 삶을 위한 4가지 태도
조나단 고포스의 생애와 연혁
참고 문헌

한국어판 편집자 서문

이 시대에는 '영웅'이 아닌 '스타'가 넘쳐난다. 인격이나 성품, 그리고 삶에서 본받을 만한 요소와는 관계없이 사람들의 이목을 끌어당길 만한 요소가 있으면 누구나 스타가 된다. 그리고 많은 청소년이 스타의 말과 행동, 스타일을 맹목적으로 섬기고 따라한다.

이것이 현세대의 자화상이라는 사실을 감안하면, 세상 가치에 따라 부여된 인기를 누리는 스타가 아닌 자신의 삶을 하나님께 온전히 내어드려 크게 쓰임 받은 믿음의 영웅들을 만날 필요가 어느 때보다도 절실함을 깨닫게 된다.

예수전도단에서 꾸준히 출간하고 있는 《믿음의 영웅들》 시리즈는 하나님께 쓰임 받은 믿음의 선배들이 어떻게 그분의 부르심을 발견하고, 믿음의 길을 선택했는지 보여 준다. 그들은 충분히 자신의 유익을 추구하며 편안하게 살 수도 있었지만, 자신의 삶을 온전히 하나님께 바치며 그분이 초청하는 더 넓고 깊은 삶을 향해 나아갔다. 그들이 경험한 믿음의 모험을 이 시대 청소년들이 《믿음의 영웅들》 시리즈를 통해 직접 보고 느끼기를 소망한다. 또한 그들의 헌신적인 삶이 많은 청소년에게 하나님의 부르심에 응답하는 삶의 가치와 특권을 깨닫게 하는 데 귀감이 되기를 바란다.

이번에 소개하는 믿음의 영웅은, 중국 선교의 최전방에서 매 순간 생명의 위협을 무릅쓰고 복음을 전하는 일에 삶을 바쳤던 조나단 고포스다. 그는 중국이 서구 열강과의 대립으로 격동의 시기를 보내던 때에 목숨을 걸고 중국 전역을 다니며 쉬지 않고 전도했을 뿐 아니라, 북미 대륙을 비롯한 서방 세계에 중국 선교의 필요성을 널리 알리는 데에도 중추적인 역할을 담당했다.

조나단 고포스의 삶은 하나님께서 주신 부르심을 좇는 일에 자신과 가족의 생명을 포함한 모든 것을 걸고 순종하는 삶이었다. 그 어떤 질병과 고난과 핍박도, 그가 품은 영혼들을 향한 하나님의 마음을 빼앗을 수 없었다. 그의 가슴속에서 불타던 복음을 위한 뜨거운 열정을 전해 받아, 열방 곳곳으로 나아가는 또 다른 하나님의 대사들, 믿음의 영웅들이 계속해서 일어나기를 기도한다.

Chapter 1

죽을 고비를 두 번 넘기고

다섯 살배기 조나단 고포스는 신이 나서 삼촌의 마차에 올라탔다. 장에 가는 톰 삼촌을 따라나서는 길이었다. 유난히 가뭄이 심했던 이번 여름 내내 아버지가 비지땀을 흘리며 키운 곡식들을 이제 막 장에 내다 팔려는 참이었다.

"거기 앉으면 안 된다, 애야! 마차가 조금만 흔들려도 아래로 굴러 떨어질 거다." 톰 삼촌이 곡식자루 꼭대기에 올라앉으려는 조나단에게 주의를 주었다. "자, 여기 있는 자루 몇 개를 치울 테니 이 중간의 푹 들어간 곳에 앉으려무나. 그럼 둥지 안에 든 참새처럼 안전할 테니까."

조나단이 삼촌이 만들어 준 자리로 옮겨 편안하고 안전하게 자리를 잡고 나자, 말고삐를 휘두르는 소리와 함께 마차가 출발했다. 늙은 말 두 필이 끄는 마차는 천천히 시골길을 지나 시장이 열리는 온타리오 주의 런던으로 향했다. 런던까지는 약 8km를 가야 했다. 가는 도중에 곳곳에서 농부들이 밀이나 옥수수를 추수하는 모습이 보였다.

그런데 먼지 나는 시골길을 한참 달려가다가 갑자기 내리막길에 들어서자, 마차가 속도를 제지하지 못해 전속력으로 내달리기 시작했다. 마차바퀴는 울퉁불퉁한 길을 덜컹거리며 굴러가다 한순간 오른쪽으로 기우뚱거렸다. 삼촌이 꽉 붙잡으라고 외치는 소리가 들렸지만 때는 이미 늦었다. 깊게 파인 웅덩이에 마차 바퀴가 빠지면서, 곡식자루 사이에 앉아 있던 조나단은 순식간에 공중으로 붕 떠올랐다가 땅바닥에 떨어졌다. 오른쪽 옆구리가 찌르듯이 아파 왔다.

숨을 몰아쉬는 사이, 이번에는 앞에 놓인 마차 바퀴가 자신의 몸을 덮칠 듯 앞으로 다가오는 모습을 조나단은 공포에 질린 눈으로 쳐다보았다. 그러나 그 순간 삼촌의 커다란 손이 자신의 뒷덜미를 잡아 옆으로 끌어내는 것이 느껴졌다. 톰 삼촌이 힘센 팔로 조나단의 몸을 잡아 끌어내자마자, 곧바로 마차 바퀴가 조나단이 누워 있던 자리로 굴러갔다. 삼촌이 그를 다시 마차 위에 앉혔을 때는 웃옷 셔츠가 반으로 찢어져 있었으나, 지금은 그것이 문제가 아니었다. 하마터면 목숨을 잃을 뻔하지 않았는가! 셔츠는 다시 꿰매기만 하면 그만이었다.

겁에 질려 우왕좌왕하는 말들을 진정시키느라 몇 분 동안 실랑이를 벌인 후에 톰 삼촌은 다시 마차를 출발시켰다. 마침내 평정을 되찾은 삼촌이 조나단을 향해 물었다. "어디 다치지 않았니, 조나단?"

그때까지도 조나단은 너무 놀란 나머지 말도 하지 못하고 천천히 고개만 끄덕였다. 삼촌이 조나단의 금발머리를 쓰다듬으며 말했다. "정말 큰일 날 뻔했구나. 셔츠가 엉망이 되긴 했지만 그래도 어쩔 수 없이 시장에 다녀와야만 한단다."

톰 삼촌은 다시 곡식자루를 치우고 움푹 들어간 자리에 조나단을 앉혔다. 이번에는 마차가 달리는 내내 조나단도 곡식자루 끝을 단단히 움켜쥐었다.

그날 밤 다시 농장으로 돌아온 그들은 런던에 다녀온 소식을 궁금해하는 가족들에게 둘러싸였다. 톰 삼촌이 마차바퀴가 웅덩이에 빠진 것과 조나단의 몸이 공중으로 날아올라 마차바퀴 뒤쪽으로 떨어진 이야기를 들려주자, 듣고 있던 조나단의 어머니 눈이 휘둥그레졌다.

"그래, 어디 다친 곳은 없니?" 어머니는 걱정스런 눈빛으로 조나단에게 물었다.

조나단은 고개를 가로저었다. "괜찮아요, 엄마. 그런데 셔츠가 다 찢어졌어요."

"오, 셔츠는 금방 고칠 수 있단다." 어머니는 일곱 번째 아들 조나단을 향해 미소를 지었다.

조나단도 어머니를 바라보며 싱긋 웃었다. 어머니에게는 유능한 재주가 많이 있었지만 그중에서도 남편과 열한 명의 자녀들을 위해 옷을 만들고 수선하는 일은 그 누구도 따라올 재간이 없었다. 언젠가 아버지는 어머니야말로 캐나다 최고의 양재사라고 치켜세우기도 했다. 이틀 정도만 지나면 조나단의 찢어진 셔츠는 완전히 새 옷처럼 변하게 될 것이다.

바쁜 일손 돕기

다음 날이 되자 조나단의 오른쪽 엉덩이에는 마차에서 떨어질 때 다친 듯 시퍼런 멍이 들어 있었다. 덕분에 아버지로부터 그날 하루는 밭일을 거들지 말고 집에서 쉬어도 된다는 허락을 받았다. 조나단은 집에서 어머니가 비누 만드는 것을 도왔다. 조나단을 비롯한 아홉 명의 남자형제들도 돌아가며 집안일을 거들어야 했다. 고포스 집안의 자녀 열한 명 중 딸은 단 한 명뿐이었기 때문이다.

소 비계를 네모난 모양으로 잘라서 커다란 구리 냄비에 담아 화덕에 올려놓고 끓이면 비누가 만들어졌다. 비누를 다 만든 후 식탁에 앉은 어머니는 조나단에게 옆에 앉으라고 하며 찬장에서 가족용 성경책을 꺼내 펼쳐들었다. "너는 시편 78편을 읽을 차례일거야."

조나단은 낡은 성경책을 들고 읽기 시작했다. "내 백성이여, 내 율법을 들으며 내 입의 말에 귀를 기울일지어다. 내가 입을 열어 비유로 말하며 예로부터 감추어졌던 것을 드러내려 하니…." 조나단은 총 72절이나 되는 시편 78편을 소리 내어 끝까지 읽었다. 성경읽기가 끝나자 어머니는 그를 꼭 껴안아 주었다. "정말 잘 읽었단다, 얘야."

어머니의 칭찬에 조나단은 어깨가 으쓱해졌다. '학교도 들어가지 않은 겨우 일곱 살의 나이에 나는 벌써 글을 읽을 줄 안다!' 저녁마다 공부하는 형들의 어깨너머로 조나단은 이미 글을 깨우치게 된 것이다.

"다음 달이 10월이니까 곧 형들하고 같이 학교에 다니게 되겠구나."

조나단이 어머니의 말에 고개를 끄덕였다. "네. 하지만 아무리 숙제가 많더라도 엄마에게 꼭 성경을 읽어 드릴게요."

시편을 읽는 것과 일요일마다 어머니와 함께 교회에 가는 것이 어린 조나단이 아는 신앙생활의 전부였다. 조나단의 아버지 프랜시스 고포스는 영국 요크셔 지방에서 캐나다로 건너온 이민자로, 매우 근면성실한 농부였다. 이민을 온 당시 그는 십대의 청소년이었으나, 몸을 사리지 않고 열심히 일한 덕분에 이십 년이 지난 지금은 농장 두 개를 소유하게 되었다. 새벽부터 저녁까지 일하느라 바쁜 고포스 씨에게 종교는 안중에 없었다. 식사기도를 하거나 자녀들과 함께 취침기도를 드린 적도 없었다. 어머니의 독실한 신앙심이 아니었다면 조나단은 아예 하나님을 알지 못한 채로 성장했을 것이다.

조나단이 학교에 입학한 것은 농장일이 어느 정도 뜸해진 11월이 되어서였다. 어떤 면에서는 학교생활이 실망스럽기도 했다. 학급의 다른 아이들은 같은 일곱 살이라도 전혀 글을 알지 못해 너무도 답답했다. 하지만 학교에 들어간 첫날부터 조나단의 마음을 사로잡은 것이 한 가지 있었다. 그것은 칠판 옆에 붙어 있는 세계지도 한 장이었다. 쉬는 시간만 되면 조나단은 그 앞에 서서 지도를 자세히 들여다보았다. 먼저 자신이 사는 온타리오 주의 런던을 찾아보고, 그다음에는 약간 뒤로 물러서서 전 세계를 바라보며, 도대체 지도에 나오는 저런 장소들은 어떤 곳일지를 상상해 보았다.

수천만 명의 사람들이 머나먼 다른 나라에 살고 있다는 사실이 조나단의 머릿속에서 떠나지 않았다. 어린 조나단은 그런 외국 땅에 관해서 자세하게 알아보기 위해 꼭 열심히 공부해야겠다고 굳게 마음먹었다. 그 결심대로 그는 언제나 학급의 우등생 자리를 놓치지 않았다.

고포스 집안의 삶은 사철의 흐름에 따라 달라졌다. 6월이 되어 학교가 방학을 하면 조나단과 형제들은 아버지를 도와 농사를 거들었다. 행여 일찍 일을 끝내는 날이면 고포스 씨는 형들을 이웃 농장에 보내 보수를 받고 일을 하도록 했다. 겨울에는 학교에 다닐 수 있었지만, 집안 형편이 어려울 때는 그마저도 어려웠다. 옷감을 사서 옷을 만들거나, 길고 혹독한 캐나다의 겨울을 위해 난방 준비를 해야만 했기 때문에 학비로 돈을 많이 지출할 수가 없었던 것이다.

고포스 집안의 식구들은 맏이부터 막내까지 모두 자신의 몫으로 할당된 일을 게을리할 수 없었다. 조나단이 중학교를 마치자, 아버지는 테임스포드라는 두 번째 농장의 일을 그에게 맡겼다. 당시로서는 흔한 일이었다. 테임스포드 농장은 고포스 가족의 첫 번째 농장에서 약 30km 정도 떨어져 있었다. 조나단이 농장 일을 맡게 된 때는 막 여름 수확 작물들의 씨를 뿌리려는 시기였다. 그러나 우선은 지난 추수 후에 밭에 자란 수많은 잡초들부터 제거해야 했다. 허리가 부러질 듯한 고된 작업이었다. 모든 밭을 몇 번씩 갈아엎어 잡초 뿌리가 밖으로 나오도록 하면 뿌리들이 햇볕에 말라 죽었다. 그렇게 잡초를 제거하고 나면 일일이 손으로 씨를 뿌렸다. 그리고 새싹이 나온 후부터는 밀 줄기가 단단해질 때까지 끊임없이 보살펴야 했다.

두 번째 죽을 고비를 넘기다

그해 여름에는 테임스포드 농장 일에 대부분 시간을 보내야 했지만, 다른 청년들처럼 조나단도 자투리 시간을 내서 이웃 농장의 헛간 짓는 일도 도왔다. 언젠가는 자신도 이웃사람들의 도움이 필요할 때가 오리라는 사실을 알기 때문에 마을 사람들은 모두 그런 식으로 돌아가며 이웃의 헛간 짓는 일을 거들었다. 그런 힘든 일은 도저히 혼자서는 해낼 수 없기 때문이었다.

   남자들이 단단한 통나무들을 나르고 못을 박아서 헛간을 짓는 동안, 여자들은 커다란 솥에 스튜를 끓여 점심식사를 준비했다. 오후가 되자 헛간 벽들이 완성되어 지붕을 올릴

차례가 되었다. 지붕을 올리기 위해서는 나무를 밧줄에 묶어 올린 다음, 제 위치에 놓이도록 조심스럽게 조정을 해야 했다. 조나단이 헛간 중간에 서서 나무를 묶은 밧줄을 끌어당기고 있을 때 어디선가 한 여인의 날카로운 외침소리가 들렸다. "조심해요! 나무들이 떨어지고 있어요!"

고개를 들어 위를 바라본 순간, 나무들이 서로 부딪치며 아래로 떨어져 내리는 것이 보였다. 빨리 그 자리를 피해야 한다는 생각이 스쳤지만, 그럴 만한 시간이 없었다. 하지만 피하지 않는다면 거대한 나무들에 깔려 죽고 말 것이다. 조나단은 순간적인 판단으로 달아나는 대신 그 자리에 꼼짝 않고 서서 떨어지는 나무들을 최대한 피해 보기로 했다. 그는 시선을 위로 고정시킨 채로 나무들이 차례로 자신이 서 있는 자리로 떨어지는 모습을 지켜보았다. 왼쪽과 오른쪽으로 몸을 틀면서 떨어지는 나무들을 한 개씩 아슬아슬 비켜났다. 그의 주변에는 나무가 땅에 떨어지는 소리들이 요란하게 울려 퍼졌다. 몇 초 만에 모든 나무들이 바닥으로 떨어졌지만, 조나단은 여전히 그 자리에 서 있었다. 생애 두 번째로 조나단 고포스는 아슬아슬하게 죽음을 피해 간 것이다!

그 일이 있고 난 후에 조나단은 두 번이나 죽을 고비를 넘긴 자신의 삶을 어떻게 살아야 마땅할지 심각하게 고민하게 되었다. 마침내 그는 정치가가 되는 것이 좋겠다는 결론을 내렸다. 테임스포드 농장에서 일하는 동안 그는 종종 인근의 웨이톤이라는 마을까지 걸어가서 정치적인 모임에 참석하곤 했다. 정부의 요직에 앉게 되면 진정으로 캐나다의 번영과 발전에 기여할 수 있게 되리라고 확신했다.

농장 일이 끝나고 저녁이 되면 조나단은 농장 끝에 있는 냇가로 걸어갔다. 그리고는 약간 솟아오른 곳에 서서 혼자 연설하는 연습을 했다. 앞에 수천 명의 사람들이 모여 있다고 가정하고, 농부들의 생활을 개선하고 발전시키기 위해 자신이 무엇을 할 것인지를 힘을 주어 이야기하면, 그의 말에 귀를 기울이던 사람들이 기쁨에 찬 환호성을 지르는 모습을 상상했다. 어떤 때에는 온 힘을 다해 고함을 지르기도 했다. 버터를 팔러 런던의 장에 가던 사람들은 수십 리 밖의 도로에서도 조나단이 연설하는 소리가 들렸다며 우스갯소리를 하기도 했다.

조나단은 아버지에게 자신의 계획을 털어놓았다. 비록 그가 테임스포드 농장 일을 열심히 꾸려가기는 했지만, 아버지가 보기에 조나단의 마음은 이미 농장 일에서 멀어진 것 같았다. 아버지는 조나단이 온타리오의 런던에 가서 단기 상업 과정을 공부하도록 허락해 주었다. 그 과정을 마치면 정치가로서의 든든한 기반이 잡히리라는 생각에서였다.

런던에 간 조나단은 열심히 공부하여 우수한 성적으로 과정을 이수했다. 그때 놀랍게도 교사 한 명이 조나단에게 고등학교 과정을 마치면 어떻겠냐는 충고를 해왔다. 집에서 가장 가까운 고등학교는 잉거솔에 있었는데, 그곳은 결혼한 윌 형 부부의 집에서 가까운 곳이었다. 고등학교에 다니는 동안 윌 형의 집에서 묵겠다고 하면 형은 얼마든지 환영할 것이다. 아무래도 쓸데없이 시간낭비를 하는 것 아닌가 싶어 망설이기도 했지만, 조나단은 결국 그 충고를 받아들이기로 했다. 그리고 이 결정은 그의 인생의 행로를 바꾸고, 결국은 지구 반대편으로 그를 이끄는 계기가 되었다.

주님을 영접하다

고등학교에 다니는 조나단에게 지대한 영향을 끼친 인물은 순회 사역자인 레클란 캐머런이라는 목사였다. 캐머런 목사는 조나단의 학교를 정기적으로 방문해서 학생들에게 성경을 가르쳤는데, 열일곱 살의 조나단에게는 캐머런 목사의 가르침보다도 그의 따뜻하고 온유한 태도가 더욱 깊은 인상을 심어 주었다. 조나단은 캐머런 목사와 친해지게 되자 그가 목회하는 장로교회에 가서 그의 설교를 들어 주는 것이 친절에 보답하는 길이라고 생각했다.

월 형의 집에서 그 장로교회까지는 상당히 먼 거리였으나 조나단은 상관하지 않았다. 그 후 조나단은 연속해서 두 주를 계속 주일예배를 드리러 갔다. 조나단이 세 번째로 예배에 참석한 날, 캐머런 목사는 여느 때처럼 설교를 마친 후에 주님을 영접하고 싶은 사람은 고개를 숙이고 함께 기도하자고 말했다. 사실 설교를 듣는 중에 조나단의 마음속에서는 하나님을 믿고 따라야 하는지 갈등이 일어났지만, 그는 결국 결단을 내렸다. 그는 캐머런 목사가 제의한대로 고개를 숙이고서, 마음속으로 간단히 자신의 삶을 하나님께 드린다는 기도를 올렸다.

그 주에 캐머런 목사가 학교를 찾아왔을 때, 조나단은 자신이 주님을 영접한 사실을 그에게 알렸다. 캐머런 목사는 누구보다 기뻐했다. 그는 조나단에게 교회의 주일학교에서 아이들을 가르쳐보지 않겠냐고 권했고, 조나단도 그 제의를 선뜻 받아들였다. 어느새 성경읽기가 무척이나 재미있어졌고, 자신이 읽고 이해한 말씀을 주위의 다른 사람들에게 전하고 싶은 마음이 솟아올랐던 것이다.

얼마 안 되어 조나단의 부모님이 월 형의 집에 한 달 동안 머물러 오게 되었다. 조나단은 지금이야말로 자신의 믿음을 부모님에게 전할 절호의 기회라는 생각이 들었다. 그래서 자신의 주도 아래 가정 예배를 드리기로 했다. 부모님이 도착한 날 저녁, 아버지가 어떤 반응을 보일지 몰라 약간은 불안한 가운데, 형수가 식탁을 치우고 설거지를 하는 동안 그는 가족들에게 "오늘 저녁에는 가정 예배를 드릴 테니 어디 가시지 말고 그대로 앉아 계세요"라고 말했다.

그런데 놀랍게도 아버지를 포함한 모든 가족이 조나단의 말에 따라 그 자리에 남아 있는 것이었다. 조나단은 찬장 위에 놓인 성경책을 꺼내 들고 이사야서를 펼쳐 읽기 시작했다. 그리고는 성경 말씀의 내용을 짧게 설명한 후에 다 함께 무릎을 꿇고 기도를 드리자고 했다. 모든 가족이 조나단의 말에 따라 기도를 드렸고, 그날 이후 매일 밤 가정 예배를 드릴 때마다 부모님도 동참했다.

감사하게도 가족들을 전도하는 일은 어렵지 않았으나, 학교에서는 문제가 달랐다. 조나단을 가르치는 교사는 토마스 페인의 사상에 심취한 사람이었는데, 토마스 페인은 미국의 독립 후 "이성의 시대"(*The Age of Reason*)라는 글을 써서 기독교는 시대에 뒤떨어진 낡은 종교이고 현대 사회에 적절치 않다고 비난한 인물이었다.

학급의 모든 학생들이 그 교사의 사상에 영향을 받아, 조나단을 웃음거리로 만들고 그의 순수한 믿음을 비웃었다. 그들이 뭐라고 하건 꿋꿋하게 반응하던 조나단도 계속되는 빈정거림에 인내심이 바닥나고 말았다. 하지만 어떻게 해야 한단 말인가? 그는 기독교를 비난하는 토마스 페인의 사상을 어떻게 반박해야 할지 알 수가 없었다. 어느새 자신의 믿음마저 서서히 무너져 내리는 것만 같았다. 결국 조나단은 필요한 해답을 반드시 성경에서 찾을 수 있으리라는 생각에, 성경을 좀 더 열심히 탐독해 보기로 했다.

몇 달 동안 조나단은 농장 일을 마치고 저녁이 되면 성경책을 펼쳐 놓고 열심히 읽었다. 그리고 마침내 원하던 해답을 찾아냈다. 여름방학을 앞두고 조나단의 믿음은 더욱 견고해졌다. 뿐만 아니라 비웃고 조롱하는 투의 질문에도 설득력 있고 조리 있는 대답을 해줄 수 있었다. 그리고 놀랍게도 먼저는 조나단의 교사가, 그리고는 다른 학생들까지도 그들의 '세련되고 현대적인' 사상을 버리고 조나단을 따라 기독교인이 되기로 결심하기에 이르렀다.

그것은 조나단 자신에게조차 놀라운 결과였다. 이제 그는 정치가가 아니라 장로교회 목사가 되기로 자신의 진로를 바꾸었다. 캐머런 목사를 만나 자신의 결정을 이야기하자, 목사는 매우 기뻐하면서 토론토에 있는 녹스 대학에 가서 공부하여 목사가 되라고 권해 주었다. 그리고 그에게 라틴어와 헬라어를 직접 가르쳐 주기 시작했다.

조나단은 또한 전도지를 대량으로 주문하여, 만나는 모든 사람에게 나누어 주기 시작했다. 심지어 교회에 다니는 할머니들에게까지 전도지를 나눠 주었는데, 할머니들은 전도하는 그를 매우 대견하게 여겼다.

선교사로의 부르심

오래지 않아 그는 현재의 타이완 지역인 포모사에서 선교사로 일한 맥케이 박사라는 사람이 선교 사역에 대해 보고하는 모임에 초대를 받게 되었다. 맥케이 박사의 보고와 간증은 무척이나 감동적이었다. 이야기가 끝날 즈음 맥케이 박사는 목소리를 낮추어 단호하고도 조용한 음성으로 이렇게 말했다. "지난 2년 동안, 나는 캐나다 전국을 횡단하며 나와 함께 포모사로 가서 선교할 만한 젊은이들을 찾으려고 애썼습니다. 하지만 선교에 관심을 보인 청년은 단 한 사람도 없었습니다. 어느 누구도 나와 같은 마음을 품은 사람이 없는 듯합니다. 저는 또다시 혼자 들어가야 합니다. 언젠가는 포모사 땅 어딘가에 제 뼈를 묻을 날이 오겠지만, 그건 비극이 아닙니다. 제가 생각하기에 진짜 비극은 하나님의 부르심에 응답하여 제가 시작한 선교 사역을 이어받을 청년이 단 한 명도 없다는 사실입니다."

맥케이 박사의 말에 귀를 기울이던 조나단의 가슴속에 깊은 수치감이 밀려들었다. 쥐구멍에라도 숨고 싶은 심정이었다. 자신도 청년이 아닌가? 왜 목사가 되어 토론토에서 목회하겠다는 생각 외에 다른 꿈은 한 번도 품어 본 적이 없었을까? 그때 성경구절 하나가 떠올랐다. 그가 여러 번 읽은 적이 있는 이사야 6장 8절 말씀이었다. "내가 누구를 보내며 누가 우리를 위하여 갈꼬?" 조나단은 그제야 자신이 두 번이나 죽을 뻔하다가 살아난 이유를 알 것만 같았다. 선교사가 되어 낯선 땅으로 가서, 한 번도 복음을 들어보지 못한 사람들에게 복음을 증거하라고 하나님이 자신의 목숨을 구하셨다는 확신이 들었다.

일단 확신이 서고 나자 조나단은 외국 선교에 관한 책과 기사들을 부지런히 구해 읽기 시작했다. 녹스 대학을 졸업하려면 4년을 공부해야 하지만, 졸업과 함께 자신은 선교사로써 머나먼 타국으로, 어린 시절 초등학교 교실에서 보았던 지도에 나오는 낯선 외국 땅으로 가리라!

Chapter 2
시골뜨기

때는 1883년 10월이었다. 역에 서서 기차가 오기를 기다리고 있는 조나단의 얼굴에 미소가 피어올랐다. 스물네 살의 나이에 마침내 녹스 대학에서 공부를 할 수 있게 되었다는 사실이 믿기지 않았다. 녹스 대학은 집에서 200여 km나 떨어진 토론토에 있었다. 처음에는 긴장이 되기도 했다. 대도시는 한 번도 가본 적이 없기 때문이었다. 난생처음으로 낯선 사람들 틈에서 생활하게 될 것이다. 조나단은 그래도 비슷한 처지의 동료 학생들과 금방 친해질 수 있을 것이라고 자신을 달랬다. 전공 학과의 학생 스물세 명은 모두 장로교

목사나 선교사가 되기 위해 입학하는 이들이었다. 헌신되고 열정적인 청년들과 함께 공부할 생각을 하니 벌써부터 설레었다. 분명 함께 성경을 공부하거나 기도모임을 갖기도 할 것이다. 그의 가슴은 기대감으로 마냥 부풀어 올랐다.

드디어 기차가 역으로 들어오는 것을 보자 조나단은 배웅 나온 가족들에게 작별인사를 했다. "안녕히 계세요, 어머니…." 어머니를 포옹하는 조나단은 목이 메어 더는 말이 나오지 않았.

"대도시에 도착하기 전에 새로 만든 옷이 더러워지지 않도록 조심해라." 어머니의 목소리에는 뿌듯한 자랑스러움이 배어 나왔다. 아들이 대학에 입학한다는 사실, 그리고 아들이 지금 입고 있는 새 옷에 대한 자부심이었다. 어머니는 조나단의 새 옷을 짓느라 며칠 동안이나 정성을 쏟았다. 고포스 집안에서 처음으로 대학에 가는 아들이기에 최고로 멋있는 옷을 지어 주고 싶은 마음이었다.

요란한 소음과 함께 플랫폼에 정차하는 기차를 보며 조나단이 대답했다. "걱정 마세요, 어머니. 이 옷을 적어도 4년은 입을 거니까요. 아니, 40년이 될지도 모르죠!"

조나단은 아버지와 형제들에게 마지막으로 작별인사를 한 뒤 기차에 올라 창밖으로 손을 흔들었다.

"잘 가라 얘야! 하나님이 너에게 복 주시길 기도한다!" 기차가 서서히 플랫폼을 빠져나가기 시작할 때, 조나단의 아버지가 마지막으로 외치는 소리가 들렸다.

그 말을 듣는 순간 조나단은 눈물을 글썽였다. 2년 전 조나단이 선교사가 되기로 결심한 직후, 아버지도 주님을 영접하고 그리스도인이 되었다. 이제 기독교 대학에 입학하는 아들을 향해 자랑스러움을 감추지 못하는 아버지는, 힘닿는 대로 조나단을 돕겠다고 약속하셨던 것이다.

기대감에 부풀어

토론토로 향하는 여정은 마치 꿈만 같았다. 조나단은 아직 집을 떠나 그렇게 멀리 가 본 적이 없었다. 온타리오 주의 짙은 초록빛 시골길을 달리는 동안 조나단은 창밖으로 보이는 온갖 새로운 풍경을 구경하느라 정신이 없었다. 마침내 녹스 대학에 도착하여 거대한 대학 건물 앞에 선 조나단의 마음은 앞으로 4년 동안 동료들과 함께 공부하고 전도하며 지낼 대학생활에 대한 기대로 벅차올랐다.

녹스 대학에 입학하자마자 조나단은 곧장 전도 활동에 뛰어들었다. 같은 학과에서 공부하는 스물세 명이나 되는 학생들이 기독교 봉사활동의 기회를 전부 차지할까 염려되어, 교수 한 명을 찾아가 그 도시에서 가장 가난한 지역의 전도를 맡겨 달라고 부탁했다. 교수는 그에게 녹스 대학 남쪽에 위치한 워드라는 지역에 가 보라고 권했다. 다른 동료 학생들에게 함께 가자고 해보고 싶었지만, 아직 친한 사람이 없기에 이번엔 혼자 가 보기로 했다.

조나단이 워드 빈민가에 도착한 것은 초저녁 무렵이었다. 그런데 거리를 걸으면서 속으로 기도하는 동안, 놀랍게도 젊은 아가씨들 여러 명이 그에게 다가와 먼저 말을 걸었다. 처음에는 예상치 못한 반응에 당황하고 이상한 마음이 들기도 했지만, 조나단은 분명 자신의 기도 때문일 것이라고 생각했다. 아무래도 그 아가씨들은 복음에 대해 알고자 하는 마음에 다가오는 것 같았다. 그들의 적극적인 태도에 감격한 조나단은 몇 시간동안 거리를 걸어 다니며, 앞으로 그들의 집을 일일이 방문하고 만나는 아가씨들마다 전도하며 기도해 주어야겠다는 계획을 세웠다.

그날 밤늦게 대학교에 돌아온 조나단은 워드 지역이야말로 전도의 가능성이 활짝 열린 곳이라는 생각에 흥분을 감추지 못했다. 기쁨에 들뜬 조나단은 다음 날 저녁식사 자리에서도 온통 그 생각밖에 없었다. 학생들이 식당에 모여 함께 저녁을 먹을 때 대화가 잠시 끊어진 사이, 조나단이 잔기침을 하고서 말문을 열었다. "너희 혹시 워드 빈민가에 가 보았는지 모르겠는데, 내가 어젯밤 그곳에 갔을 때 사람들이 얼마나 복음에 관심을 보이는지 놀라울 정도였어."

저녁을 먹던 학생들이 먹기를 멈추고 그의 말에 귀를 기울였다. "무슨 소리야?" 한 학생이 되묻자 조나단은 더욱 신이 나서 말을 이었다.

"글쎄, 그곳의 젊은 아가씨들 말이지, 아마도 열 명 내지 열다섯 명은 되었을 거야. 나한테 다가와서 무엇을 원하느냐고 묻잖아. 보통 아가씨들은 얌전한 법인데 워드 지역의 아가씨들은 상당히 씩씩하더라구. 분명 하나님께서 그들의 마음을 움직이신 것 같아. 그렇게 생각하지 않니?"

갑자기 앞에 앉은 학생들이 손으로 입을 가리는 모습이 보였다. 여기저기서 킥킥거리는 웃음소리가 들리더니 곧 식당 전체가 떠나갈 듯 모든 학생이 배꼽을 잡고 웃어대기 시작했다.

쉽지많은 않은 대학 생활

조나단의 얼굴을 금세 홍당무처럼 빨개졌다. 하지만 도대체 무엇 때문에 학생들이 그토록 재미있어 하는 걸까? 조나단으로서는 영문을 알 수 없는 일이었다.

이윽고 웃음소리가 어느 정도 잦아들자 조나단의 오른쪽에 앉아 있던 학생이 능글맞은 표정으로 물었다. "넌 한 번도 창녀를 본 적이 없니?"

그러자 또 한 학생이 끼어들었다. "그 여자애들이 왜 그렇게 친절하게 구는지 이상하지도 않았어?"

세 번째 학생이 어이없는 표정을 지으며 물었다. "조나단, 아무래도 너 우리한테 농담하는 거지?"

"아니야! 그럴 리가 없어. 조나단이 거짓말을 하다니! 저 시골티 나는 옷 좀 보라구. 야, 조나단! 너, 그거 엄마가 만들어 준 옷이냐?" 아침 예배 때 조나단 옆에 앉았던 아이가 빈정거리며 말했다.

조나단은 아무 대답도 하지 못하고 침울한 표정으로 앉아 있었다. 기독교 대학에 다니는 학생들의 반응이 이러하리라고는 상상도 하지 못했다. 그리고 그는 입학한 후 처음으로 다른 학생들이 입고 있는 옷을 눈여겨보았다. 모두 도시풍의 세련된 옷을 입고 있었다. 지금까지 그 사실을 눈치 채지 못한 자신이 참으로 바보같이 여겨졌다.

한참 만에야 웃음과 농담이 사그라지고 저녁식사의 화제

가 다른 이야기로 넘어갔지만, 조나단은 전혀 그들의 대화에 끼어들고 싶은 마음이 들지 않았다. 그저 빨리 그 자리를 벗어나 방에 혼자 있고 싶은 마음뿐이었다.

저녁식사 시간에 벌어진 일들을 밤늦게까지 혼자 곰곰 되새겨 보던 조나단은 자신도 도시풍의 옷을 입지 않는 한 다른 학생들과 어울릴 수 없겠다는 결론을 내렸다. 첫 학기에 쓸 용돈이 있었기에 그중 얼마를 들여 새 옷을 맞춰 입기로 했다. 그러나 어머니에게는 절대 비밀로 할 작정이었다. 만약 공들여 지어 준 옷 때문에 아들이 학교에서 웃음거리가 되었다는 사실을 알면 어머니는 몹시도 실망하실 것이다.

다음 날, 수업을 마친 조나단은 워드 지역 대신 시내에 나가서 중간급 정도의 검은색 옷감을 5m 정도 사 왔다. 내일 저녁에 옷감을 재단사에게 가져가서 새 옷을 맞출 생각이었다. 그러나 그날 저녁 벌어진 너무도 어처구니없는 사건으로 말미암아 그 옷감은 무용지물이 되고 말았다.

저녁을 먹은 후 조나단은 방에 앉아 공부를 하고 있었다. 방문을 등지고 공부에 열중하고 있는데 문이 열리는 소리가 들렸다. 고개를 돌려 보니, 놀랍게도 1학년 학생 전부가 그의 방안으로 꾸역꾸역 모여들고 있었다. 조나단은 바짝 긴장이 되었다. 아무리 생각해도 그 늦은 시간에 전체 학생이 모두 자신을 찾아올 이유가 없었다. 문득 한 학생이 긴 밧줄을 들고 있는 것을 보자 몸이 얼어붙는 것만 같았다. 얼른 학생들의 얼굴을 살피니, 한결같이 조소와 경멸이 어린 표정이었다. "왜 그러는 거야?" 조나단은 애써 침착한 말투로 물었다.

"시골뜨기 좀 골려 주려고 그러지, 낄낄낄…." 밧줄을 들고 있는 학생이 비웃는 듯한 웃음을 지으며 다른 학생들에게 외쳤다. "이 녀석을 꽉 붙잡아!"

그들은 조나단의 허리춤에서 시작해서 온몸을 밧줄로 꽁꽁 묶어 버렸다. 자신을 묶어 무슨 일을 벌이려는지는 알지 못했지만, 조나단은 당황하지 않으려고 애썼다.

"이건 뭐야?" 한 학생이 소리쳤다. 조나단이 침대 쪽을 바라보니 그 학생의 손에 시내에서 사 온 옷감이 들려 있었다.

"흥, 네 깐에 멋을 부려보고 싶다 이거지. 그렇다면 지금 당장 멋을 내도록 해주지!"

제일 덩치 큰 학생이 덩달아 빈정거렸다. "그래, 멋쟁이로 만들어서 워드에 있는 여자애들을 보러 가게 해주자."

그 말에 학생들이 일제히 웃음을 터뜨렸다. 한 학생이 가위를 들고 새로 산 옷감 중간에 커다란 구멍을 내는 장면을 지켜보던 조나단은 애가 타서 견딜 수가 없었다. 그는 가위로 옷감을 싹둑 잘라내더니 이번에는 옷감의 구멍 난 부분을 조나단의 머리에 씌우고, 검은색 옷감으로 온몸을 둘둘 말아 마치 미라 같은 모양을 만들어 버렸다.

그리고 나서 아이들은 조나단을 번쩍 들고 복도로 나가 한쪽 끝에 내려놓더니 그 앞에 일렬로 섰다. "이제 방으로 들어가 보시지!" 한 아이가 조나단을 발로 차면서 학생들이 죽 늘어서 있는 복도를 걸어가라고 다그쳤다.

조나단은 온몸이 밧줄로 단단히 묶여 있었기에 발을 움직이기도 힘들었지만, 복도를 끝까지 걸어가지 않으면 그대로 놓아 주지 않을 게 뻔했다. 할 수 없이 약 10m에 이르는 복도를 뒤뚱거리며 걸어 자신의 방으로 돌아갈 수밖에 없었다. 복도를 걷는 동안 늘어서 있던 학생들이 야유와 조소를 퍼부으며 조나단의 몸을 툭툭 건드렸다. 겨우 복도 끝에 이르는가 싶었을 때 한 학생이 조나단의 몸을 돌려 다시 복도를 걸어가도록 만들었다. 그렇게 30분 정도 골탕을 먹이고 나서야 학생들은 조나단을 방으로 돌려보냈다. 누군가 밧줄을 풀어 주고 나자 비로소 조나단은 혼자가 되었다. 아이들이 키득거리며 방으로 돌아가는 소리가 복도에서 들려왔다.

머리에 씌워진 옷감을 벗고 나서 조나단은 침대에 털썩 드러누웠다. 그는 흐르는 눈물을 주체하지 못하고 서럽게 흐느껴 울었다. 구멍 난 새 옷감처럼 모든 소망이 물거품이 되는 느낌이었다. 그토록 대학 생활을 잘 하고 싶었고 학생들과 함께 공부하고 기도하고 싶었건만, 그는 완전히 외톨이인 듯했다. 다른 아이들과 어울릴 수 없던 이유가 단지 도시풍의 옷을 입지 않았기 때문이라고 생각했던 자신이 얼마나 어리석었던가! 학생들은 자신이 촌티 나는 시골 사람이라는 사실 때문에 가만히 놔 두지 않았던 것이다. 누구 하나 자신을 위로해 줄 사람도 없었고, 부모님에게는 도저히 이런 사실을 알릴 수가 없었다. 만약 부모님이 알게 되면 당장 집으로 돌아오라고 하실 것이다. 하지만 그럴 수는 없다! 비록 앞으로 남은 4년 동안 이런 조롱과 괴로움이 계속되는 한이 있더라도, 목표를 이루기 위한 자격을 갖추어야만 한다. 깊은 절망과 슬픔 속에서 조나단은 무릎을 꿇고 그에게 유일한 위안인 성경책을 집어 들었다.

시작되는 전도 활동

동료 학생들의 놀림에 큰 상처를 받기는 했지만 그는 자신이 정한 목표를 향해 포기하지 않고 끝까지 돌진하기로 다짐했다. 그 일이 있고 난 며칠 후 조나단은 '윌리엄 거리 전도단'이라는 전도단에 가입하여 가장 탁월한 전도자 중의 한 명이 되었다. 그는 워드 지역의 거리뿐 아니라 던 교도소에 가서도 전도했다. 교도소를 처음 방문했을 때는 간수가 조나단에게 강당에 서서 감방이 있는 복도를 향해 큰 소리로 전도하는 것만 허락했다. 비록 죄수들을 한 명도 직접 볼 수는 없었지만, 분명 그들이 자신이 하는 이야기에 귀를 기울일 것이라 확신하고 매주 교도소에 가서 큰 소리로 하나님의 말씀을 전했다. 마침내 조나단을 신뢰하게 된 간수가 감방이 위치한 복도를 걸어가며 전도해도 좋다는 허락을 내렸다. 조나단은 뛸 듯이 기뻤다. 그동안 멀리서만 전도했던 죄수들을 이제 얼굴을 맞대고 볼 수 있게 된 것이다. 그러나 죄수들의 반응은 냉담했다. 누군가 볼멘소리로 이렇게 말하는 소리가 들렸다. "이봐! 시간낭비 하지 말고 꺼지라구! 난 하나님이 있다는 것도 믿지 않으니까."

다른 죄수들도 그 말에 일제히 맞장구를 치며 웃어댔다. 사람들의 웃음과 야유가 가라앉기를 기다리며 조나단은 재빨리 할 말을 생각해냈다. "여러분! 그런 말씀을 하시다니 참 이상하군요. 마침 제가 들고 있는 이 책에는 여러분들에 대한 이야기가 나오거든요."

"흥, 도대체 뭐라고 써 있다는 거야?" 죄수 한 명이 코웃음을 치며 물었다.

조나단은 시편 14편을 펼쳐 읽기 시작했다. "어리석은 자는 그 마음에 이르기를 하나님이 없다 하도다."

모든 죄수들이 일제히 잠잠해졌다. 기회를 놓칠세라 조나단은 그 후 20여 분 동안 자신이 읽은 성경구절에 대해 설명했다. 그의 말이 끝날 무렵에는 여기저기에서 훌쩍거리며 우는 소리가 들려왔다. 조나단은 모든 감방 앞에 멈추어 서서 죄수 한 명 한 명에게 말을 걸었고, 많은 이들이 기독교인이 되는 방법을 가르쳐 달라고 말했다. 기쁨과 감격 속에 조나단은 다음 주에 다시 와서 이야기를 계속하겠다고 약속했다.

녹스 대학으로 돌아온 조나단은 교도소에서 경험한 놀라운 일을 누군가에게 빨리 이야기하고 싶었다. 조나단을 밧줄로 묶고 조롱하는 일에 가담했던 학생 중 세 명은 그 후에 그를 찾아와 사과를 했다. 그중 한 명에게 교도소에서 일어난 일을 이야기하자, 이번에는 놀리는 대신 함께 기뻐하며 그를 격려해 주었다. 조나단의 마음속에 한 가닥 희망이 솟아올랐다. 언젠가는 자신도 학생들과 어울릴 수 있을 것 같았다.

한편 조나단은 예정대로 워드 빈민가에 있는 가정들을 하나도 빠지지 않고 방문해서 전도하겠다는 계획을 세웠다. 그곳에는 수천 가구가 있었지만 그의 계획은 간단했다. 각 집의 현관문을 두드린 후, 그 집 사람이 문을 조금 열고 누구인지 확인하려는 기미가 보이면 얼른 발을 문틈에 집어넣어 문을 닫지 못하게 만들었다. 그러고 나서 안으로 들어가 기독교에 관한 이야기를 해도 좋겠느냐고 물었다. 조나단이 대학에 다니는 4년 동안 그의 요청을 거절한 집은 단 두 집밖에 없었다. 범죄로 가득하고 불량배들이 우글거리는 지역에도 겁 없이 들어가 전도하는 조나단을 보며, 다른 학생들은 점차 일종의 존경심마저 품게 되었다.

워드 지역을 몇 번 방문한 후에 조나단은 그곳의 한 경찰관과 친해지게 되었다. "어떻게 이런 거리에 들어올 생각을 하게 되었죠? 우리도 두세 명이 함께 가지 않으면 절대로 혼자 들어가지 않는 지역인데 말이죠."

조나단은 웃으며 대답했다. "저도 혼자 들어가지는 않습니다. 반드시 하나님과 함께 들어가죠. 하하하…."

일 년 후에 조나단이 경찰관에게 했던 대답을 상기시키는 사건이 발생했다. 녹스 대학에 다니는 동안 인근 교회에서 조나단에게 설교를 부탁하는 일이 종종 있었다. 가끔 차비가 없어 기차를 탈 수 없을 때에는 설교하기로 예정된 교회까지 걸어서 갔다. 어느 봄날 아침, 한 교회에 설교하러 나선 조나단은 지름길로 가기 위해 깊은 숲 속을 걷게 되었다. 그런데 오솔길을 막 돌아서려는 찰나, 그는 그 자리에 얼어붙은 듯

멈춰 서고 말았다. 바로 앞에 어마어마하게 커다란 검은 곰이 도사리고 있지 않은가! 두 발로 일어선 곰의 앞발톱이 아침 햇빛을 받아 더욱 날카롭게 빛났고, 곰은 금방이라도 자신에게 달려들 것만 같았다. 그 상황에서는 달아나 보았자 소용없었다. 곰은 사람의 발걸음을 금방 따라잡을 수 있었다. 무엇을 어떻게 해야 할지 당황하는 사이에 한 가지 생각이 머리를 스쳤다. '나는 혼자가 아니다. 하나님이 나와 함께 계시고, 나는 지금 하나님의 일을 하러 가는 중이니 나를 보호하실 것이다.'

조나단은 조심스럽게 천천히 앞으로 발걸음을 내딛었다. 곰의 옆을 스쳐 지나갈 때는 털끝이 몸에 닿았다. 그는 정면을 똑바로 쳐다보면서 될수록 침착하게 앞으로 걸어 나갔다. 신기하게도 곰은 그 자리에 못 박힌 양 꼼짝도 하지 않고 서 있었다. 곰을 지나친 조나단은 고개를 돌려 뒤를 돌아보지 않았고, 곰도 그를 뒤따르지 않았다. 그는 부모님께 보내는 편지에 곰을 만난 이 사건을 언급하면서, 아마도 그것이 자신의 일생에서 가장 위험한 순간이었을 것이라고 말했다. 그러나 사실 '가장 위험한 순간'은 아직 오지 않았다는 것을 그는 모르고 있었다.

Chapter 3
아름다운 청혼

학생들의 조롱거리였던 조나단은 일 년 만에 녹스 대학에서 가장 인기 있는 학생이 되어 버렸다. 이는 물론 조나단에게도 의외인 일이었다. 그리고 1학년 학생들이 모두 한 명씩 개인적으로 조나단을 찾아와 학기 초에 그를 놀렸던 일을 사과했다. 그들은 사실 그런 창피를 당하고 나면 조나단이 곧 짐을 싸서 집으로 돌아가리라고 생각했다고 털어놓았다. 그러나 학교를 떠나기는커녕 놀림감이 된 이후에도 여전히 친절하고 예의바르게 행동하는 그를 보면서, 학생들은 자신의 행동을 부끄럽게 여기게 되었다. 이제 학생들의 태도는 완전히 바뀌어, 조나단이 빈민가에서의 전도 활동을 이야기하면 그의 담대한 모습에 감탄할 뿐 아니라 다음 소식을 궁금해했다. 언어 과목 성적이 가장 뛰어난 도날드 맥길리브레이라는 학생은 조나단과 둘도 없는 단짝이 되어, 조나단이 가장 힘들어하는 헬라어와 히브리어를 도와주었다.

2학년이 끝나갈 즈음에는 많은 학생이 매주 금요일 저녁마다 조나단의 방에 모여들곤 했다. 그해 초에 그는 《중국의 영적인 필요와 요구들》(*China's Spiritual Needs and Claims*)이라는 책을 10권 구입했는데, 바로 유명한 중국 선교사인 허드슨 테일러가 쓴 책이었다. 조나단은 그 책들을 지역교회의 목사들에게 보내어 읽어 보라고 권했다. 그리고 중국 선교의 필요성에 대해 역설하는 다른 책자들도 더 발견하고 사들였다. 얼마 못 가 조나단의 방에는 목사들에게 발송할 책들로 가득 찼다. 용돈이 모이는 대로 몇 달 동안 이 일을 계속하다 보니, 결국은 다른 사람들에게도 그 사실이 널리 알려지게 되었다. 그리하여 결국 많은 교인들이 그에게 선교에 대한 책들을 캐나다 전국의 목사들에게 보내라며 후원금을 보내주기 시작했다. 수많은 책들을 포장하고 주소를 적어 발송하는 일이 상당한 일이 되었기에, 금요일 저녁마다 여러 학생들이 모여 그 일을 도와주게 된 것이다.

학생들이 모이는 금요일 저녁이면 조나단은 우선 그 주간에 자신이 받은 편지들을 큰 소리로 읽어 주었다. 그리고는 헌금의 합계를 내어, 그 돈으로 그 주간에 얼마나 많은 책들을 사서 발송할 수 있는지를 계산했다. 편지와 헌금을 보낸 사람들에 대해 감사의 기도를 드리고 나서 하나님께서 그들이 보낼 책들을 받는 사람들에게 복 주시기를 기도한 후, 그들은 함께 책들을 포장하고 주소를 적는 일을 했다.

토요일이 되면 조나단은 성경을 공부하면서 주일에 교회에서 할 설교 준비를 했다. 그가 설교하던 교회들은 녹스 대학의 교수들이 조나단에게 전도와 설교를 맡긴 곳으로, 토론토 시 외곽의 넓은 지역에 걸쳐 위치해 있었다. 조나단은 맡은 사역에 최선을 다했다. 워드 빈민가에서 했던 것처럼 그 지역의 모든 가정을 일일이 방문하기로 계획을 세워, 각 집들을 찾아가서 자신을 소개하고, 그 주에 자신이 설교하는 교회에 나오도록 초청했다.

설교하는 사람이 직접 가정을 방문하여 교회에 나오라고 하는 경우는 거의 없었기에 많은 사람이 조나단의 초청에 솔깃하여 교회로 찾아왔다. 얼마 못 가 조나단이 설교하는 교회마다 사람들로 가득 차게 되었다. 좌석이 차고 나면 사람들은 교회 뒤편이나 중간 통로, 심지어 강대상 주위에 서 있기도 했다. 아무리 사람들로 북적거려도 조나단은 한 번도 인상을 찡그리지 않았다. 그 많은 사람이 자신이 전하는 복음을 듣는다는 사실에 마냥 신이 날 뿐이었다.

조나단은 설교 도중 중요한 대목을 강조하고 싶을 때는 두 팔을 뒤로 세게 휘두르는 버릇이 있었다. 한번은 강대상 뒤에 서서 그의 설교를 듣고 있던 사람들 몇 명이 갑자기 그가 휘두르는 팔에 얻어맞고 말았다. 그러자 교회에 모인 모든 사람들이 일제히 폭소를 터뜨렸다.

교회에서 설교를 하고 중국에 대해 더 깊이 알아 갈수록 선교사가 되어야겠다는 조나단의 결심은 더욱 확고해졌다. 언젠가는 반드시 중국에 들어가 선교하고 싶었다. 세상에서 복음을 듣지 못한 사람들이 가장 많이 사는 곳이 중국이기 때문이었다. 그에게는 힘을 다해 중국 복음화에 기여하고 싶은 마음뿐이었다. 녹스 대학을 졸업하려면 2년을 더 공부해야 했으므로, 그동안 눈을 크게 뜨고 귀를 기울이며 중국으로 나갈 적당한 기회를 붙들기로 했다.

우연치 않은 만남

가끔씩 중국으로 가기 전에 먼저 배우자를 만나야 한다는 생각이 머리를 스치곤 했지만, 여러 가지 일로 너무도 분주한 조나단이었기에 결혼은 단지 생각뿐이었다. 그런데 3학년에 올라갔을 무렵 우연찮은 기회에 로잘린드 벨스미스라는 아가씨를 만나게 되었다. 당시 조나단은 나이아가라 호수 부근에서 열렸던 성경집회에 참석하고 나서 학생들과 함께 집으로 돌아가던 길이었다. 온타리오 호수를 가로지르는 배를 탔을 때는 마침 호수로 소풍을 나왔던 여러 명의 화가들도 그 배에 함께 타고 있었다.

도날드 맥길리브레이와 이야기를 나누던 조나단은 토론토 선교회 소속의 오브라이언 씨가 화가 중 어떤 젊은 아가씨와 이야기를 나누는 장면을 보게 되었다. 두 사람이 고개를 끄덕이며 미소를 짓는 모습이, 이미 서로 잘 아는 사이인 것 같았다. 대화가 마무리되어 갈 무렵 문득 조나단에게 시선이 머문 오브라이언 씨가 조나단을 불렀다. "이리 와 보게, 조나단! 소개해 줄 사람이 있어!"

함께 이야기하던 도날드에게 양해를 구하고 그는 오브라이언 씨와 아가씨 곁으로 다가갔다. 멋진 차림새로 앉아 있는 아가씨를 보면서 조나단은 자신의 초라한 옷차림과 낡은 구두가 신경 쓰였다. 오브라이언 씨가 미소를 지으며 조나단을 향해 말했다.

"고포스군, 여기 있는 아가씨는 로잘린드 벨스미스 양이라네. 로잘린드는 지난 주일에 우리 교회에서 오르간 반주를 해주었지." 그리고는 로잘린드를 바라보며, "로잘린드 양, 조나단 고포스 군을 소개하죠. 우리 토론토 선교회의 일꾼 중의 일꾼이랍니다."

"만나서 반갑습니다." 조나단은 손을 내밀어 로잘린드 벨스미스 양에게 악수를 청했다. 로잘린드는 조나단의 손을 잡으며 환한 미소를 보냈다. 미소 띤 얼굴이 무척이나 생기발랄해 보였다.

"벨스미스 양이 다음 주 토요일에 우리와 함께 전도 활동에 참석해서 오르간을 연주해 주기로 했다네." 오브라이언 씨가 즐겁게 말했다.

"정말 감사한 일이군요." 조나단이 대답하는 동안 배는 어느새 부두에 도착했다.

다음 주 토요일 저녁에 로잘린드 벨스미스는 오르간을 연주했다. 참으로 멋진 연주였다. 설교를 하는 동안 조나단의 눈길은 종종 로잘린드에게 머물렀다.

선교회에서는 그날 밤늦게 모임이 있었는데 로잘린드도 모임에 참석하라는 권유를 받았다. 모임에서 로잘린드는 동부에 새로운 선교기지를 세우는 준비위원회의 일원으로 뽑

했다. 로잘린드는 처음에는 위원회에 가입하라는 권유에 상당히 망설이는 모습을 보였다. 조나단은 이상하다고 생각했으나, 나중에 로잘린드가 망설인 이유를 알게 되었다.

알고 보니 로잘린드는 명문가 출신의 아가씨로, 뛰어난 재능을 가진 화가였다. 그녀의 아버지는 캐나다에서 가장 유명한 화가로 꼽히는 존 벨스미스 교수였다. 존 벨스미스는 로잘린드가 세 살이었을 때 영국에서 캐나다로 이민을 왔고, 곧 캐나다 미술학회의 회장으로 추대되었다. 그는 재능 있는 딸 로잘린드도 자신의 뒤를 따르도록 정성을 기울였다. 벨스미스 씨는 세상을 떠나면서까지 아내에게 엄숙한 서약을 하도록 했다. 당시 스무 살이던 로잘린드가 캐나다의 토론토 미술대학을 졸업하고 나면 무슨 일이 있더라도 영국으로 보내 켄싱턴 미술대학에서 미술 공부를 계속하도록 만들라는 당부였다.

토론토 선교회에서 로잘린드에게 위원회의 일원이 되라고 요청했을 때, 마침 로잘린드는 아버지가 남긴 당부대로 짐을 꾸려 영국으로 떠날 차비를 하던 참이었다. 만약 출국을 연기하겠다고 하면 가정에 불화가 일어날 것이 뻔했다. 결정을 못하고 망설이기는 했지만 그녀는 내심 위원회에 가담하고 싶은 마음이 간절했다. 결국 로잘린드는 위원회에 가입하기로 결정을 내렸고, 조나단은 그녀의 결정에 이상하리만치 기분이 좋아졌다.

꿈 같은 청혼

그 이듬해, 조나단과 로잘린드는 대부분 주말을 만나 함께 선교회의 일을 했다. 1886년 10월이 다가올 즈음, 조나단의 가슴속에는 로잘린드를 향한 사랑의 꽃이 활짝 피어났다. 당장이라도 결혼하자고 말하고 싶었지만, 로잘린드가 자신과 결혼하게 되면 지금까지의 안락하고 풍족한 삶과는 정반대로 평생 고생길로 들어서는 셈이 될 터라 쉽게 입이 떨어지지 않았다. 그래도 조나단은 결심을 굳히고 청혼하는 연습을 열심히 되풀이한 후, 어느 아름다운 가을 저녁 드디어 로잘린드에게 청혼을 하기로 마음먹었다. 그는 조용한 음성으로 로잘린드에게 말했다. "로잘린드, 나와 함께 중국에서 살 의향이 있나요?"

대답하는 로잘린드의 눈이 그 어느 때보다 밝게 빛났다. "네, 물론이에요. 조나단."

조나단은 기쁨에 들떠 하늘을 나는 기분이었다. 그동안 오랜 시간을 함께 일하면서 로잘린드가 근면성실하며, 자신못지않게 헌신된 여인이라는 사실을 잘 알고 있었다. "내가 약혼반지를 사 주지 못해도 괜찮겠어요? 얼마 전에 허드슨 테일러의 책을 100권 주문했는데, 그 책들을 다 발송하려면 상당한 돈이 들 겁니다. 성탄절까지 전부 발송하기 위해서는 가진 돈을 몽땅 내놓아야 할 판이거든요."

조나단은 약혼자가 된 로잘린드가 과연 어떤 대답을 할지 숨을 죽이고 기다렸다. 과연 약혼반지를 원할 것인가, 아니면 캐나다인들에게 중국의 영적 필요를 알리는 일에 동참하기를 원할 것인가? 물론 쉽게 대답할 수는 없을 것이다. 조나단과는 비교가 안 되는 부유한 집안에서 남부러울 것이 없이 성장한 사람이 아닌가? 그러나 로잘린드는 조나단의 눈을 정면으로 바라보며 말했다. "나는 이미 당신과 함께 내 생애를 중국에서 보내는 데에 동의했잖아요. 그런데 무얼 더 바랄 것이 있겠어요?"

조나단은 가만히 로잘린드의 손을 잡았다. 선교사의 삶이 어떤 것인지를 이해하는 평생의 반려자를 만났다는 사실에 기쁨과 감사가 절로 우러나왔다.

그러나 모든 일이 그렇게 순조롭기만 한 것은 아니었다. 스물두 살의 로잘린드가 결혼 계획을 털어놓는 순간, 로잘린드의 어머니는 심한 충격을 받았다. 작고한 남편에게 딸을 영국으로 보내겠다고 엄숙한 서약을 한 어머니는 그 서약을 깨트릴 마음이 추호도 없었다. 어머니는 이전보다 더 완강히 로잘린드에게 당장 영국으로 떠나라고 말했다. 만약 어머니의 말에 순종하지 않는다면 다시는 집안에 발도 들여놓지 못할 것이라고 못 박았다. 그러나 로잘린드의 마음은 이미 조나단과 중국에 가 있었기 때문에 그녀는 눈물을 머금고 소지품들을 챙겨 오빠의 집으로 옮겨 갔다.

그 후 몇 달간 로잘린드에게는 괴로운 나날이 계속되었다. 어머니는 처음에는 로잘린드와 말도 하지 않으려 했으나, 차츰 마음을 누그러뜨리고는 결국 미안하다는 말과 함께 다시 집으로 들어오도록 허락했다.

최초의 장로교단 파송 선교사

그러는 중에도 조나단은 여전히 눈코 뜰 새 없이 바쁜 나날을 보내고 있었다. 이제 대학 졸업반이 되었기에 어떤 방법으로 중국에 들어갈지 진지하게 고민하기 시작했다. 그러나 조나단이 다니는 장로교단에는 중국에 선교사를 파송한 예가 없었다. 그는 대학을 졸업하기 전까지 장로교단에서 중국에 선교사 파송을 시작하길 바랐지만, 끝내 그의 소망은 이루어지지 않았다. 할 수 없이 허드슨 테일러가 창설한 중국내지선교회에 지원하기로 마음먹었다. 그런데 영국 런던에 있는 중국내지선교회 본부에 지원서를 제출하고 나서 며칠 뒤, 동료 학생들 몇 명이 조나단에게 도서관에서 만나자는 제의를 해왔다. 조나단은 왜 학생들이 자신을 만나자고 하는지 궁금했다. 그로서는 아무런 짐작도 가지 않았다. 그런데 도서관을 들어서는 순간, 갑자기 도서관이 떠나갈 듯한 함성 소리가 들려왔다. 곧이어 졸업반 학생들 전원이 조나단을 에워쌌다.

소란이 어느 정도 진정된 다음에 학생회장이 조나단을 향해 말했다. "조나단, 네가 중국에 선교사로 가려고 한다는 사실을 잘 알고 있어. 하지만 우리는 네가 장로교단 파송으로 중국에 들어갔으면 좋겠어."

조나단이 그 말에 뭔가 대답을 하려 하자 학생회장이 손을 내저으며 조나단의 말을 막고서 말을 계속했다. "물론 현재로서는 장로교단이 중국 선교를 시작하지 않은 상태지만, 여기 있는 우리 모두 후원자가 되어 너를 중국 선교사로 파송하기로 결정했어. 아직까지 녹스 대학 자체에서 선교사를 파송한 예가 없으니 우리가 최초의 사례가 되는 거지! 네가 중국에 가면 우리가 네 후원을 책임지겠어."

조나단은 가슴이 뭉클했다. 동료 학생들에게 어떤 말로 고맙다는 인사를 해야 할지 생각하는 그의 눈에서 감격의 눈물이 흘러내렸다. 3년 전 자신을 놀리고 웃음거리로 삼았던 학생들이 지금은 자신을 선교사로 파송할 후원자가 된 것이다. 어쨌거나 이제 중국에 들어갈 방법을 찾았으니 조나단에게 이보다 더 기쁜 일은 없었다.

선교를 향한 남다른 열정

졸업할 시기가 가까워질 무렵에는 수많은 교회들이 그를 초청하여 앞으로의 계획을 말해 달라고 했다. 사실 조나단은 설교할 때마다 선교에 대한 열정이 남달랐기에, 조나단을 초청해서 일종의 낭패를 경험한 교회들도 있었다.

어느 주일에는 캐나다 복음화 사역을 맡고 있는 장로교단의 목사 한 명이 조나단을 자신의 교회에 초청해서 설교를 요청했다. 브랜트포드에 있는 시온 교회라는 곳이었다. 시온 교회 교인들은 자신들이 캐나다 복음화를 위해 많은 헌금을 했다는 사실을 자랑스러워하고 있었다. 그러나 조나단은 브랜트포드 지역의 교회들이 외국의 선교사들에게는 어느 정도 헌금을 했는지 알아보았고, 외국 선교회에 소속된 선교사들에게는 1인당 78센트밖에 헌금하지 않았다는 것을 알게 되었다. 참으로 어이없는 액수였다. 조나단은 그 교회의 담임목사가 교단에서 높은 직위에 있다는 사실에도 아랑곳하지 않고, 시온 교회 교인들의 선교헌금에 대한 인식을 바로잡아 주어야겠다고 마음먹었다.

그는 예배가 시작되고 얼마 지나지 않아 기회를 포착했다. 첫 찬송가를 부르기 전에 성가대 지휘자가 앞에 나와 찬송가 1절의 가사를 큰 소리로 읽었다.

눈 덮인 그린란드에서부터

산호로 덮인 인도의 해변에서부터

바람아 널리 널리 불어

하나님의 이야기를 알리어라

너희 출렁이는 바닷물아

북극에서 남극까지

영광의 물결이 되어 흘러가거라

성가대 지휘자의 가사 낭송이 끝나고 오르간 연주자가 찬송가를 연주하려는 순간, 조나단은 자리에서 벌떡 일어나 손을 들고 멈추라는 신호를 보냈다. 그는 강대상 앞으로 나가 교인들을 향해 단도직입적으로 말했다. "이 교회 교인들은 이 찬송가를 부를 자격이 없습니다!" 그는 손에 들고 있는 교회의 회계장부를 번쩍 치켜들었다. "이렇게 크고 부흥한 교회 교인들이 선교사들에게 겨우 78센트씩밖에 기부하지 않다니 말도 되지 않습니다! 여러분은 방금 읽은 찬송가를 부를 자격이 없으니 대신 시편 51편의 회개 찬송을 부르도록 하십시오."

조나단이 준엄한 눈빛으로 오르간 연주자를 바라보자 연주자는 긴장된 얼굴로 찬송가를 뒤적여 시편 51편의 가사가 실린 찬송가를 연주하기 시작했다. 교인들은 순순히 조나단을 따라 찬송가를 불렀고, 그 후 조나단은 복음서에 나오는 오병이어 이야기를 예화로 들어 설교했다.

오천 명이 넘는 사람들이 예수님의 가르침을 듣기 위해 몰려들었는데, 저녁이 되자 제자들은 그들에게 줄 음식이 없었으므로 그들을 집으로 돌려보내자고 제의했다. 그때 한 소년이 떡 다섯 개와 물고기 두 마리를 가져왔으며, 예수님은 그 음식을 놓고 축복 기도를 하신 후 제자들을 향해 음식을 군중들에게 나눠 주라고 말씀하셨다. 그러자 모든 사람이 풍족하게 먹고도 떡이 열두 광주리나 남았다는 이야기였다.

오병이어의 기적을 교인들에게 이야기하고 나서 조나단

은 다음과 같이 덧붙여 말했다. "자, 만약 예수님의 제자들이 앞에 앉아 있는 두 줄의 사람들에게만 음식을 나눠 주었다고 생각해 봅시다. 제자들이 음식을 먹은 후에 그다음 줄에 앉아 있는 사람들에게 가서 음식을 주는 대신 또다시 처음 두 줄의 사람들에게 음식을 주었다면, 그들은 너무 배가 불러서 음식을 사양할 것이고, 반면 뒷줄에 앉은 사람들은 아무것도 먹지 못해 굶주림으로 쓰러질 것입니다."

조나단은 잠시 말을 멈추고 교인들이 자신이 한 말을 되새겨 보도록 했다. "사랑하는 여러분, 만약 여러분들이 지금처럼 우리나라 사람들의 복음화를 위해서만 헌금한다면, 수억의 중국인들이 복음에 굶주려 죽어가고 있는데도 항상 복음을 들어서 배부른 사람들에게만 계속 음식을 주는 꼴이 아니고 무엇이겠습니까?"

조나단의 설교가 끝나자 어느 누구도 입을 열지 못하고 잠잠히 있었다. 짧고 단순하지만 정곡을 찌르는 말씀이었다.

기다리던 결혼, 그리고 파송

1년 동안의 약혼 기간을 거쳐 1887년 10월 25일, 드디어 조나단 고포스와 로잘린드 벨스미스는 결혼식을 올리고 부부가 되었다. 조나단은 결혼식을 올리기 일주일 전에 목사 안수를 받았다. 두 사람은 결혼식을 올린 후 6개월 동안 캐나다 전역을 돌며 여러 교회에서 말씀을 전하고 나서 중국으로 들어가기로 했다. 결혼식은 예정대로 차질 없이 이루어졌지만, 중국으로 들어가는 일은 그렇지 못했다. 1887년 당시 중국은 극심한 가뭄과 흉년에 시달리고 있었고, 캐나다 장로교단은 중국인들을 돕기 위해 거액의 헌금을 거두었기에 가능한 빨리 그 돈을 중국으로 가져가서 해당 기관에 전달해 줄 사람이 절실히 필요했다. 결국 교단에서는 조나단에게 이듬해 1월 중순에 구제헌금을 들고 중국에 들어갈 수 있겠느냐고 제의했다.

조나단 역시 하루라도 빨리 중국으로 들어가고 싶었으므로 예정보다 빨리 떠나는 문제에 대해 반대할 이유는 없었다. 그러나 로잘린드로서는 실망스러운 일이 한 가지 있었다. 옥스브리지 장로교회의 여성도들이 중국에 가져가서 사용하라고 멋진 오르간을 헌납해 주었는데, 두 사람이 중국행 배를 타기 위해 서둘러 밴쿠버로 떠나야 하는 바람에 오르간을 포장하여 배에 싣기까지 기다릴 수가 없었던 것이다. 조나단은 로잘린드에게 아무래도 오르간은 다음 배를 타고 중국에 도착할 수밖에 없겠다고 말했다.

신혼부부는 다급하게 그들의 모든 소지품들을 챙겨 짐을 꾸렸다. 로잘린드의 어머니가 몇 개월 전에 세상을 떠났기 때문에 로잘린드는 집에 있던 특별한 물건들을 몇 가지 챙겼다. 그중에는 아버지가 손수 그린 자화상과 어머니가 아끼던 자기 그릇과 컵들도 있었다.

  조나단과 로잘린드의 선교사 파송식은 1888년 1월 19일, 토론토에 있는 녹스 교회에서 거행되었다. 파송식이 열리는 동안 큰 예배당 안은 사람들로 가득 찼고, 미처 들어가지 못한 사람들은 교회 밖 길가에까지 늘어섰다. 교회에 모인 사람들은 매우 다양했다. 목사들과 대학 교수들을 비롯해서 선교회 사람들, 조나단이 지난 4년 동안 전도했던 빈민가의 사람들 수백 명도 참석했다. 파송식 중에 많은 사람이 한마디씩 하느라 너무도 시간을 끌었기 때문에, 조나단 부부가 올드마켓 역에서 자정에 떠나는 기차를 타기 위해서는 할 수 없이 파송식을 중도에 마칠 수밖에 없었다.

  조나단과 로잘린드는 수백 명의 친구들과 동료들에 둘러싸여 10분 정도 거리의 기차역까지 걸어갔다. 기차역에 모인 사람들은 차장이 "승객들은 모두 기차에 오르시오!"라고 외칠 때까지 찬송가를 불렀다.

  그들은 재빨리 마지막 기도를 드리고 또다시 "그리스도

의 군사들이여 전진하라"라는 찬송가를 부르기 시작했다. 조나단은 로잘린드가 기차에 오르도록 도와주고 좌석에 앉은 다음, 마지막으로 가족과 친구들을 보기 위해 창문을 올리고 밖을 내다보았다.

기차는 요란하게 울려대는 엔진 소리와 함께 검은 연기를 내뿜으며 서서히 역을 빠져나가기 시작했다. 기차가 역을 떠나 모퉁이를 돌아서 사람들의 찬송 소리가 더는 들리지 않을 때에야 조나단은 창문을 닫았다.

"같이 기도합시다." 조나단은 로잘린드의 손을 잡고 고개를 숙이며 말했다. "주님, 앞으로 어떤 일이 있을지 알 수 없지만 무슨 일이 일어나든 간에 이렇게 많은 사람이 저희에게 보내 준 사랑과 신뢰에 보답하는 저희가 되도록 인도해 주십시오."

Chapter 4

꿈에 그리던 중국으로

조나단과 로잘린드는 부두가에 서서 파디아호를 바라보았다. 선체를 새롭게 칠한 배는 더욱 산뜻하고 근사해 보였다. 두 사람은 이제 막 밴쿠버에 도착해서 예정보다 하루 일찍 배에 오를 참이었다. 밴쿠버에서는 최근에 대화재가 일어나 목조건물이 대부분 소실되어, 두 사람이 묵을 호텔을 발견하기가 불가능했던 것이다.

"이 배는 정말 항해용 선박답군. 자, 이제 배에 오릅시다."
조나단은 아내의 팔을 잡고 선체에 올랐다. 깊은 숨을 들이마시자 소금기 어린 비릿한 바다 냄새가 풍겨 왔다. 조나단은 온타리오 호수는 여러 번 가 봤지만 바다는 처음이었다. 색다른 소리, 풍경, 냄새가 신기하기만 했다. 배에 오른 두 사람은 예약된 선실로 안내를 받았다. 배 우현에 위치한 작은 선실은 2주 동안 항해하기에 전혀 불편함이 없어 보였다.

다음 날인 1888년 2월 4일 아침, 조나단은 부두에 매여 있던 밧줄이 풀리면서 파디아호가 서서히 밴쿠버 만을 빠져나가는 모습을 신기하게 바라보았다. 배는 밴쿠버 섬의 남단을 미끄러지듯 항해해 나갔다. 바다는 잔잔했고, 파디아호는 빅토리아 시를 벗어나 웅장한 올림픽 산맥을 끼고 계속 남쪽으로 나아갔다. 얼마 후에 배는 태평양으로 들어섰다.

그런데 대양으로 들어서면서 약간 파도가 치는가 싶더니, 배가 이상하리만치 심하게 요동하는 것이 느껴졌다. 아래위로 요란하게 흔들리는 배 때문에 창백해진 로잘린드는 잠시 선실에 내려가 누워 있겠다고 말했다. 그러나 북태평양의 파도가 점점 더 거칠어지면서 잠시만 누워 있겠다던 로잘린드의 멀미는 며칠 동안이나 계속되었다.

항해가 악몽으로 변한 것도 순식간이었다. 이렇게 심하게 요동하면서도 배가 온전하다는 사실이 놀라울 정도였다. 파도 없이 물결이 잔잔할 때조차 파디아호는 심하게 흔들거렸다. 목적지까지 절반 정도를 항해하고 났을 때에야 조나단은 그 이유를 알게 되었다. 파디아호는 25년이나 된 낡은 배였고, 런던에서 뉴욕까지 북대서양을 오가며 화물을 실어 나르던 선박이었다. 선체가 너무도 허술하게 만들어져 항해 때마다 심하게 흔들거렸고, 파디아호에 대한 악평이 퍼지자, 배의 주인은 계속 돈을 벌기 위해 배를 북아메리카 연안으로 끌고 와서 선체를 새로 칠하고 단장한 후에 이름까지 바꾸어 버렸다. 그리하여 조나단 부부가 태평양으로 처녀항해를 하는 첫 번째 승객이 되고 만 것이다. 머지않아 파디아호의 악평은 태평양 인근에도 퍼져 나갈 게 뻔했다.

마침내 끔찍한 항해가 끝나고 파디아호는 일본의 고베 항에 도착했다. 그곳에서 조나단 부부는 좀 더 안전한 배로 갈아타고, 상하이로 향하는 마지막 항해에 올랐다.

상하이에 도착하다

1888년 당시 상하이는 중국의 보석이라고 불리는 도시였다. 동양과 서양이 만나는 곳이었으며, 파리나 런던처럼 최신 문명이 발달하고 번화한 국제 항구였다. 조나단은 갑판에 올라 대도시의 풍경을 감상했다. 생전 처음 보는 희한한 형태의 건물들과 진풍경이 눈에 들어왔지만, 단지 구경삼아 상하이를 돌아다니고 싶지는 않았다. 한시라도 빨리 지난 4년 동안 열심히 준비했던 선교 사역에 본격적으로 뛰어들고 싶은 마음뿐이었다.

배가 부두에 닿자마자 조나단은 배에서 내려 로잘린드와 함께 근처에서 머물 만한 여관을 알아보았다. 상하이를 포함한 중국 전역에는 그 어디에도 캐나다 장로교회 소속의 선교 기지가 없었으므로, 일단은 중국내지선교회의 본부를 찾아갔다. 그곳에서 다른 선교사들을 만날 약속을 정하고는 다시 숙소로 돌아왔다. 그날 저녁, 로잘린드와 함께 닭고기와 쌀밥으로 간단한 저녁을 먹으며 조나단은 선교사들과 의논할 내용들을 적었다.

다음 날 선교사들과 만나기로 한 자리에 가 보니, 캐나다 장로교단에서 최초로 파송된 조나단을 만나고자 현지 선교사 네 명이 와 있었다. 정식으로 서로 소개하고 난 후, 여러 교단 출신의 선교사들은 본론에 들어갔다. 조나단은 캐나다에서 가져온 거액의 구제헌금을 그들에게 건네주었고, 선교사들은 조나단이 특별히 초점을 맞추어 선교할 지역으로 어느 곳이 좋을지 추천해 주었다. 정오 무렵 그들은 한 가지 결론에 도달했다. 조나단 고포스 부부를 비롯해서 그 후로 캐나다 장로교단에서 파송될 모든 선교사들은 허난성 북부 지역을 맡기로 했다. 허난성 북부 지역은 황하 강과 고비사막, 동중국해를 접하고 있는 광활한 지역이었다. 그러나 허난성으로 들어가기 전에 먼저 상하이에서 북쪽으로 약 7백 km 떨어진 체푸로 가서 그곳에 있는 중국내지선교회 건물에 머물며 기본적인 중국어를 배우기로 했다.

이 결정에 따라 조나단은 즉시 체푸로 떠나려고 했으나, 선교사 한 명이 한사코 상하이에서 유명한 아편궁을 보고 가라는 바람에 하루를 더 머물게 되었다. 아편궁은 유럽의 여러 나라들이 권력을 장악하고 있는 외국인 거류지에 위치해 있었다. 어마어마하게 큰 건물에 화려하기 이를 데 없는 비단장식도 눈길을 끌었지만, 건물 안으로 들어서자 마치 딴 세상에 온 것만 같았다. 각 방마다 폭이 좁은 침대들이 일렬로 가지런히 놓여 있었고, 중국인들 수백 명이 한가롭게 침대에 누워 있거나 앉아 있었다. 개중에는 옷을 잘 차려 입은 사람들도 눈에 띄었으나, 모두 한결같이 아편에 중독된 상태였다. 어떤 사람들은 조나단 못지않게 건강해 보였으나 어떤 사람들은 뺨이 쑥 들어간 해쓱한 얼굴에 썩은 이를 드러내 보이기도 했다. 조나단과 로잘린드가 침대 사이를 비집고 들어가도 누구 하나 신경 쓰지 않았다.

몇 개의 방을 돌아본 후에 선교사는 조나단 부부를 데리고 아편궁을 빠져나와 담장 옆의 거리로 인도했다. 거리 양쪽은 전부 창녀촌이었다. 조나단은 그곳을 한동안 바라본 후에 선교사에게 분노와 비탄이 어린 목소리로 물었다. "어떻게 이럴 수가 있습니까? 아편궁과 창녀촌이 있는 이 지역은 모두 외국 공관에서 관할하는 지역이 아닙니까?"

"예, 그렇습니다. 중국인들이 아편에 중독되도록 하기 위해 이런 구역이 따로 지정되어 있다는 사실에는 변명의 여지가 없습니다. 모두 탐욕에서 비롯된 일이지요. 외국 정부들이 중국에 아편을 판매하여 얻는 이익이 상당하답니다. 특히 영국이 가장 많은 이익을 챙기고 있죠."

조나단은 자신의 귀를 의심했다. "아니, 영국 정부가 아편을 공급하고 창녀촌이 형성되도록 했다는 말입니까?"

선교사는 고개를 끄덕였다. "예. 사실 중국인들에게는 분통 터지는 일이죠. 기독교 국가에서 이런 몹쓸 짓을 하는데 과연 우리 서양 선교사들이 좋은 일을 한다는 걸 그들이 믿을 수 있겠습니까?"

"그러니 중국인들이 우리를 서양 귀신이라고 부르는 것도 이해가 가네요." 로잘린드도 분노에 차서 말했다.

"중국인들은 이 땅을 쥐고 흔드는 외국 세력을 물리칠 힘이 없기 때문에 종종 시골에서 사역하는 외국인 선교사들에게 보복 공격을 하기도 합니다. 최근에도 선교사 몇 명이 살해된 일을 아마도 알고 계실 겁니다."

숙소로 돌아가는 인력거 안에서 조나단은 아무 말이 없었다. 어서 빨리 체푸로 가고 싶었다. 중국에는 할 일이 무척이나 많았고, 왠지 그 일을 하기에는 시간이 촉박하다는 불안감이 몰려왔다.

모든 것을 불태운 화재

일주일이 지나자 조나단 부부는 이제야 진짜 선교사가 된 기분이 들었다. 이엉을 얹은 지붕에 일자로 길게 지어진 집을 얻은 부부는 가져온 물건들을 풀어 정리하기 시작했다. 물건을 정리하고 집을 꾸미는 일이 예상보다 더 오래 걸렸는데, 8월에 첫아기를 해산할 예정인 로잘린드가 쉽게 피로를 느꼈기 때문이었다. 한편 조나단은 중국어를 가르쳐 줄 가정교사를 고용하여 중국어를 배우는 일에 박차를 가했고, 저녁에는 아내를 도와 물건들을 정리했다.

그러던 어느 날 밤, 조나단과 로잘린드가 저녁을 막 먹고 났을 때였다. 밖에서 소란한 웅성거림이 들려왔다. 조나단은 무슨 일이 일어났는지 보기 위해 살며시 문을 열고 밖을 내다보았다. 누구에게 물어볼 필요도 없이 사람들이 손으로 가리키는 방향을 본 조나단은 금방 얼굴이 사색이 되었다. 지붕 위에서 시뻘건 불길이 치솟고 있었고, 불붙은 이엉조각들이 다른 방들에까지 떨어져 내리고 있었다.

"오, 하나님!" 뒤이어 따라 나온 아내를 돌아보며 조나단이 다급한 음성으로 외쳤다. "당신은 여기 꼼짝 말고 있어요! 내가 어떻게든 물건들을 건져 낼 테니까!"

그는 황급히 거실로 달려들어 갔다. 바로 몇 분 전까지 그곳에서 느긋하게 저녁을 먹고 있었다는 사실이 믿기지 않았다. 그는 우선 침실로 뛰어가 성경책과 돈이 든 가방을 집어 들었다. 밖으로 달려 나오는데 벌써 집 안에는 검은 연기가 차오르고 있었다.

"로잘린드, 어서 이것들을 받아요!" 그는 돈이 든 가방과 성경책을 겁에 질린 아내에게 건네주고는 "나는 다시 집 안으로 들어가 보겠어요!"라고 소리쳤다.

그런데 불타는 집 안으로 달려가다 문득 고개를 돌려 보니, 로잘린드는 마치 정신 나간 사람처럼 공포에 질린 얼굴로 주변을 빙글빙글 돌고 있었다. 중국인 남자 세 명이 로잘린드 가까이 다가오는 모습이 보였다. "로잘린드! 정신 차려요! 가방을 꼭 붙들고 있지 않으면 누군가 훔쳐 갈 거예요!"

그제야 정신이 든 로잘린드는 그 자리에 멈추어 서서 돈가방과 남편의 성경책을 꽉 움켜쥐었다.

조나단은 다시 집 안으로 들어갔다. 어느새 집안 가득 들어찬 연기로 인해 질식할 것만 같았다. 불붙은 이엉조각들이 곳곳에서 떨어져 내렸다. 그는 아내의 재봉틀과 중국어를 공부하는 공책을 집어 들었다. 집 밖으로 뛰쳐나가는 동안 불붙은 지붕이 갈라져 나가는 소리가 들렸다.

밖으로 나온 조나단은 로잘린드와 함께 불타는 집과 그 안의 물건들을 속수무책으로 바라보는 수밖에 없었다. 캐나다에서 두 사람이 가져온 모든 물건들, 결혼 선물들과 로잘린드 아버지의 자화상을 비롯하여 로잘린드의 어머니가 아끼던 그릇들, 로잘린드의 언니가 그들의 첫아기를 위해 손수 짜 준 숄 등이 모두 불길 속에 사라져 가고 있었다.

어느 정도 불길이 잦아들자 조나단은 고개를 돌려 눈물로 얼룩진 로잘린드의 얼굴을 바라보았다. "여보, 너무 상심하지 말아요. 저것들은 모두 그저 물건에 지나지 않을 뿐이지 않아요."

그날 밤 두 사람은 중국내지선교회 소속의 기숙사 학교에서 하룻밤을 머물고, 다음 날 아침 화재로 인한 피해를 조사하기 위해 불탄 집으로 돌아왔다. 남은 물건 하나 없이 모든 것이 잿더미로 변해 있었다.

조나단이 일부러 목소리를 바꿔 경쾌한 음성으로 말했다. "우리는 걱정 없어요. 하나님이 우리가 필요한 모든 것들을 다시 채워 주실 겁니다. 생각해 봐요, 로잘린드. 우리는 그때 오르간을 가져오지 못해 속상해했었지. 만약 우리에게 오르간이 있었다면 지금쯤 어떻게 되었겠어요? 다행히 뒤늦게 도착하는 바람에 안전하게 되었지 않아요."

로잘린드가 조나단을 바라보며 희미한 미소를 지었다. "당신처럼 모든 일의 좋은 면만을 바라보게 되려면 나는 아직도 먼 것 같아요."

첫딸의 탄생과 선교기지 준비

일주일이 지나 조나단과 로잘린드는 체푸에서 얻은 두 번째 집에 정착하여 다시 중국어 공부에 열중했다. 그 지역의 선교사들이 두 사람에게 가구와 살림 도구, 옷들을 보내 주었다. 또한 녹스 대학 동창들이 기부한 첫 번째 선교헌금도 받게 되었다. 검소하게 살면 극소수의 물건만으로도 충분히 살림을 꾸려갈 수 있었기에, 결혼 후 6개월이 되는 4월, 그들은 1년 총수입의 십일조에 해당하는 돈을 다른 선교회에 기부

할 수 있었다. 조나단은 무척 기뻤다. 선교사로써의 삶이 생각했던 것만큼 쪼들리거나 궁핍하지 않았다. 가계부를 정리한 그는 아내에게 달려가, 10월까지 앞으로 6개월이나 남았는데도 벌써 1년 총수입의 십일조를 했다는 반가운 소식을 전했다. "이제 남은 6개월분의 십일조는 어떻게 할까요?"

조나단의 물음에 로잘린드는 바느질하던 옷을 내려놓고 고개를 갸웃거렸다. "글쎄요, 우리가 이미 1년치 십일조를 했다면 10월까지는 더 헌금을 할 필요는 없지 않겠어요?"

조나단은 로잘린드의 옆자리에 앉아 아내의 얼굴을 들여다보며 되물었다. "당신은 그렇게 생각해요? 나는 하나님이 이렇게 풍성하게 우리에게 베풀어 주셨으니 올해 말이 되기 전에 또다시 십일조를 해야 한다고 생각하고 있었는데."

그러자 로잘린드가 머뭇거리며 대답했다. "앞으로 아기도 태어날 텐데, 하지만 정 당신이 그렇게 생각하신다면…."

조나단은 더는 아무 말도 하지 않았지만, 이틀 뒤 로잘린드의 동의를 얻어 다른 선교사들에게 헌금을 하기로 했다. 그해 말이 되어 계산을 해보니 두 사람은 총수입의 5분의 1을 헌금한 셈이 되었다.

조나단은 꾸준히 중국어 공부에 몰두했다. 여름이 다가올수록 날씨는 찌는 듯이 무더워졌다. 다른 선교사들에게 날씨가 덥다고 하소연하자, 앞으로 조나단 부부가 들어가서 사역할 중국 내지의 여름 날씨에 비하면 체푸의 여름은 아무것도 아니라는 대답을 들을 따름이었다.

여름이 막바지에 이를 무렵 조나단 부부의 첫 번째 아기가 태어났다. 1888년 8월 12일에 태어난 건강한 딸아이에게 그들은 거트루드라는 이름을 지어 주었다. 당시 체푸에는 콜레라가 유행하고 있었으므로 조나단과 로잘린드는 첫아기가 건강하게 자라기만을 간절히 기도했다.

여름을 넘기면서 조나단의 선교 계획은 윤곽을 잡아갔다. 그들은 최종 정착지로 정한 허난성 북부 지역으로 들어가기 전에 펭추앙으로 옮겨 가기로 했다. 그곳은 미국인 선교기지가 위치해 있는 곳이고 허난성에서도 가까운 곳으로, 며칠 동안을 여행해야 들어갈 수 있는 내륙 지방이었다. 펭추앙으로 옮긴 조나단 부부는 계속 중국어를 배웠으나, 조나단의 언어 실력은 좀처럼 늘지가 않았다. 그럼에도 그는 좌절하지 않고 계속 최선을 다해 공부했다. 반면에 로잘린드는 얼마 지나지 않아 중국어를 유창하게 말할 수 있게 되었다.

펭추앙에 머무는 동안 조나단은 가족이 모두 옮길 때를 대비하여 허난성 북부 지역을 여러 번 다녀왔다. 앞으로 그곳에서 사역할 생각을 하니 신이 났다. 더구나 녹스 대학에서 가장 친했던 도날드 맥길리브레이가 중국에 와서 허난성에 선교기지를 세우는 일을 돕겠다고 알려 왔을 때 조나단의 기쁨은 이루 말할 수 없었다. 곧 도날드가 도착했고, 캐나다 장로교단 소속 선교사 일행이 된 그들은 다시 린칭이라는 도시로 옮길 계획을 세웠다. 린칭은 허난성 북부에서 약 80km 정도 떨어진 웨이허 강변에 위치한 도시였다.

어느덧 떠나는 날이 되었다. 조나단 가족은 이제 이틀 동안 웨이허 강을 따라 린칭까지 가게 될 것이다. 뱃사공 두 명이 먼저 조나단이 배에 안전하게 오르도록 도와주었다.

"거트루드를 이리 주어요." 부두에 서 있던 로잘린드도 10개월 된 딸을 남편에게 안겨 주고 배에 올라탔다. 먼저 가 있던 도날드 맥길리브레이가 집 수리가 거의 끝났으니 조나단 가족이 와도 좋다는 연락을 보내 온 것이다.

웨이허 강 상류를 향해 출발한 때가 이른 아침임에도 불구하고 내리쬐는 태양 볕은 한낮의 더위를 방불케 했다. 질식할 듯 후덥지근한 공기 때문에 숨을 몰아쉬는 거트루드를 안타깝게 내려다보던 로잘린드가 말했다.

"이 아이를 조금이라도 시원하게 해주어야겠어요."

"맞는 말이오. 작년에는 해변에 살았으니 이런 더위를 전혀 몰랐지. 이제부터는 기온이 무려 섭씨 40도를 육박할 거라고 하는군요."

로잘린드는 한숨을 내쉬며 양팔 소매를 걷어 올렸다. "제게 좋은 수가 있으니 가방에서 침대보를 좀 꺼내 주세요."

조나단은 여행 가방을 열고 손으로 안을 더듬어 면 침대보 두 장을 꺼냈다.

"그 침대보를 물에 적셔서 위쪽에 펼쳐 걸면 어떨까요?" 조나단은 고개를 끄덕이며 로잘린드의 제안대로 침대보를 물에 적셔서 배 위쪽에 걸었다. 젖은 침대보가 햇볕을 가려 주자 온도가 약간은 내려갔다.

뱃사공이 규칙적으로 노를 저어 가는 동안 조나단은 들고 온 작은 가죽가방에서 성경책을 꺼냈다. 성경책 안에는 중국내지선교회의 창설자인 허드슨 테일러의 편지가 들어 있었다. 캐나다 장로교단에서 최초의 선교사를 파송했다는 소식과 허난성 지역이 그들의 선교지로 확정되었다는 얘기를 듣고, 허드슨 테일러는 조나단에게 몇 가지 충고를 적은 편지를 보내 주었다. 특별히 편지 말미에는 이렇게 적혀 있었다.

> 선교사님, 후난 지역에 들어가실 때는 반드시 무릎으로 사역해야 한다는 사실을 명심하십시오.

조나단은 그의 충고를 곰곰이 되새겨 보았다. 그가 들어가는 선교지에서 복음을 전하려면 허드슨 테일러의 말대로 기도 없이는 모든 것이 불가능할 것이다. 그 순간부터 조나단은 목적지에 도착할 때까지 강변에 위치한 작은 마을들에 사는 사람들을 위한 기도를 하기 시작했다.

거트루드의 죽음

마침내 이틀 만에 배가 린칭에 도착했을 때 조나단 부부는 오랜 여행으로 온몸이 쑤시고 결렸다. 도날드 맥길리브레이의 연락대로 조나단 가족이 살 집은 거의 수리가 끝나 곧바로 들어가 살 수 있었다.

그런데 새집으로 이사한 첫날 저녁부터 옆집에서 매우 고약한 냄새가 풍겨 나왔다. 혹시 옆집 마당에 죽은 동물의 시체가 있어 썩은 냄새가 나는 것이 아닌가 싶었다. 그러나 옆집을 의심할 새도 없이, 날이 밝자 곧 조나단은 냄새의 원인이 바로 자기 집 마당에 있음을 발견했다.

집을 수리할 때 도날드 맥길리브레이가 인부들에게 근처의 우물에서 물을 떠다가 회반죽을 하라고 지시했지만, 인부들은 힘을 덜 들이기 위해 마을의 하수구나 다름없는 집 근처 도랑에서 물을 길어다 벽돌을 반죽하는 데 사용한 것이다. 인부들이 회반죽에 사용했던 도랑물이 고약한 냄새의 근원지였다. 원인을 파악하고 난 후 조나단은 인부들에게 수고스럽더라도 멀리 우물에 가서 깨끗한 물을 길어 달라고 요청했다. 도랑의 물은 고약한 냄새와 파리를 들끓게 하는 요인일 뿐 아니라 사람들에게 치명적인 전염병을 옮길 수 있기 때문이었다.

안타깝게도 조나단의 주의사항은 너무 늦어 버렸다. 많은 인부들이 이질에 걸렸고 얼마 있어 그들의 어린 딸 거트루드마저 이질에 걸리고 말았다. 미국선교회 소속의 의사 퍼킨스가 치료에 최선을 다했으나, 곧이어 로잘린드마저 이질에 걸려 앓아 눕고 말았다. 조나단은 딸뿐 아니라 아내마저 잃는 것이 아닌지 덜컥 겁이 났다.

6일간 생사를 오락가락하던 거트루드는 결국 그 작은 몸으로 병마를 이기지 못하고, 린칭에 도착한 지 20일 만인 1889년 7월 24일 숨을 거두고 말았다. 첫돌을 한 달 앞둔 때였다. 로잘린드 역시 여전히 간신히 목숨만 유지하고 있는 상태였다.

린칭에는 외국인을 매장할 만한 묘지가 없었으므로, 조나단과 도날드는 수레를 하나 빌려 어린 거트루드의 시신을 싣고 펭추앙까지 가서 선교사 묘지에 아기를 묻었다. 펭추앙에 머무는 동안 조나단은 캐나다에 있는 가족과 친구들에게 편지를 썼다.

> 소중한 보물을 잃어 보지 않은 사람은 아마도 우리의 심정을 이해하지 못할 것입니다. 머나먼 이국땅에 있기 때문인지 딸의 죽음은 더욱 우리의 마음을 애닯프게 합니다…. 주님은 '모든 일이 합력하여 선을 이룬다'고 말씀하셨으니 우리의 사랑하는 딸을 데려가신 이유가 분명 있으실 것입니다. 모쪼록 죽어가는 수많은 중국인들에게 죽음을 이기고 승리하신 주님을 전하는 일에 우리 딸의 죽음이 헛되지 않기를 기도합니다.

장례식을 치른 후 거트루드의 시신은 선교사 묘지에 있는 선교사 자녀 두 명의 무덤 옆에 나란히 매장되었다. 조나단과 도날드는 서둘러 린칭으로 돌아왔다. 오는 길에 조나단은 로잘린드가 살아 있기를 간절히 기도했다. 아내의 시신을 싣고 또다시 이 길을 오가는 일은 생각조차 하기 싫었다. 다행히 로잘린드는 조금씩 차도를 보이고 있었다. 마침내 로잘린드는 건강을 되찾았고, 조나단과 함께 언어공부를 계속하게 되었다.

중국어 공부의 돌파

딸의 죽음을 제외하고 조나단에게 중국에서 가장 힘든 것은 중국어 배우기였다. 동료인 도날드 맥길리브레이는 어느새 중국어가 유창해졌으므로 조나단은 상대적으로 더욱 좌절감이 들었다. 그는 조나단보다 1년이나 늦게 중국에 왔는데도 벌써 중국어 복음서에 나오는 모든 단어들을 암기하고 있었지만, 조나단은 아직 반도 채 배우지 못한 상태였다.

언어 실력의 부족이 제일 두드러지게 드러나는 때는 예배 시간이었다. 조나단과 도날드는 번갈아 가며 중국어 성경을 읽고 그 의미를 중국인들에게 설명해 주었는데, 조나단이 읽을 차례가 되면 사람들은 그에게 앉으라고 하면서 대신 도날드가 읽어 달라고 부탁하는 것이었다. 그러면서 "도날드 선교사의 말은 알아들을 수가 있는데 조나단 선교사의 말을 도통 무슨 말인지 모르겠어. 도날드 선교사의 중국어가 백배 낫지."라고 말하는 것이었다.

물론 중국인들을 탓하거나 원망할 수는 없는 노릇이었다. 무엇보다 조나단은 중국어가 유창하지 않으면 허난성 지역에 들어가서 사역하기가 힘들다는 사실을 잘 알고 있었다. 과연 자신이 언젠가는 중국어를 능숙하게 구사할 날이 올지도 자신이 없어졌다. 도날드만큼 열심히 언어 공부를 하건만, 도무지 눈에 띄는 진전이 없었기 때문이었다.

조나단은 자신이 설교할 차례가 될 때마다 고역스러웠다. 아무리 참을성이 많은 중국인도 자신이 하는 말을 제대로 알아듣지 못하는 것이 확연했다. 교회로 가기 위해 집을 나서면서 조나단은 로잘린드를 향해 이렇게 말했다. "만약 하나님이 내가 중국어를 배우도록 기적을 베풀지 않으신다면, 아마 나는 완전히 실패한 선교사가 되고 말 겁니다."

집에서 교회까지는 걸어서 약 20분 정도 걸렸다. 그는 길을 걸으면서 하나님께 입에서 중국어가 봇물 터지듯 나오게 해달라고 기도했다. 그런데 놀랍게도 그날 강대상 앞에서 설교를 하는 조나단의 입에서 그동안 배운 중국어가 마치 국수가락처럼 술술 흘러나왔다. 얼마나 적절한 단어들을 나열하여 말을 하고 있는지 조나단도 스스로 탄복할 정도였다. 중국에 온 이래 그렇게 유창하게 중국어를 한 적은 처음이었다. 중국인들도 귀를 기울이는 모습이 역력했다. 도중에 도날드가 일어나 말을 하려고 하자, 모인 사람들이 조나단이 계속 설교를 해달라고 입을 모아 요청할 정도였다.

그날 저녁 집에 돌아온 조나단은 로잘린드에게 언어공부의 돌파구가 뚫렸다고 신이 나서 이야기했다. 중국어를 완전히 유창하게 구사하기까지는 여전히 멀었지만, 그날의 설교 경험은 조나단에게 자신감을 얻게 하기에 충분했다.

전도의 열매

한편, 허난성 북부 지방으로 옮기기 위한 사전 준비로써 조나단은 종종 미국선교회 소속 의사들과 함께 그 지방을 다녀오곤 했다. 1889년 가을의 어느 날은 의사 맥컬리 씨와 함께 순시엔이라는 지역에 갔다가 그 지역 군수를 만나 저녁식사에 초대받게 되었다. 그런데 저녁을 먹는 동안 군수의 표정이 점점 심각해지더니, 이윽고 맥컬리 씨를 바라보며 이렇게 말하는 것이었다. "의사 나리, 내 수하에 있는 치안대장이 완전히 눈이 멀어 버렸소. 혹시 그 사람의 눈을 진찰하고 치료 가능성이 있는지 한번 봐 주시지 않겠소?"

맥컬리 씨가 즉시 대답했다. "물론입니다. 그 사람을 지금이라도 불러 주십시오."

군수가 시종들에게 명령을 내리자 얼마 후에 나이가 지긋한 남자 한 명이 사람들의 손에 이끌려 방 안으로 들어왔다.

"이 사람이 내가 말한 추 대장이오." 군수의 소개에 따라 조나단과 맥컬리 씨가 그에게 인사를 했고, 맥컬리 씨는 그의 눈을 진찰했다. 진단 결과가 나오기까지는 불과 1분도 채 걸리지 않았다. "추 대장님의 두 눈은 백내장에 걸린 상태입니다. 하지만 백내장은 쉽게 제거할 수 있습니다. 백내장을 제거하고 나면 시력을 되찾게 되실 겁니다."

그 말을 들은 추 대장은 반색을 하며 외쳤다. "정말입니까? 천만다행이군요. 빨리 치료를 해주십시오."

그러자 맥컬리 씨가 난처한 표정으로 대답했다. "안타깝게도 지금 당장은 수술을 할 수가 없습니다. 저는 다음 주까지 린칭으로 돌아가야 하는데, 백내장 수술을 하게 되면 2주 동안은 제가 곁에서 지켜보아야 합니다. 6개월 안에 다시 올 테니 그때는 좀 더 오래 이곳에 머물면서 대장님의 눈을 수술하고 돌봐 드리겠습니다."

환해졌던 추 대장의 표정이 즉시 일그러졌다. 그는 곧 자신을 이끌고 온 남자에게 말했다. "나를 여기서 데리고 나가 주게." 그의 손에 이끌려 방을 나가면서 추 대장이 이렇게 투덜거리는 소리가 들려왔다. "흥, 저 의사라는 인간은 형편없는 사기꾼이야. 장님의 눈을 고칠 수 있다는 거짓말로 군수를 현혹시키려 하지만 실제로는 못 하는 게 분명해. 6개월 안에 돌아오겠다고? 에이! 재수 없는 서양 귀신!"

두 선교사와 군수는 잠시 어색한 침묵 속에 앉아 있었다.

마침내 군수가 침묵을 깨고 입을 열었다. "추 대장을 대신해서 사과를 드리겠소. 치안대장이었으니 예의나 법도하고는 좀 거리가 있다오."

조나단이 고개를 끄덕였다. 그들은 그동안 중국에 살면서 치안대장이란 마을에서 가장 거칠고 부패한 부류에 속한다는 사실을 잘 알게 되었다. 그들은 공식 봉급을 받지 않았으나 마을 사람들로부터 뇌물을 받거나 이런저런 돈을 받아내어 챙겼다. 그러다 보니 죄인이 풀려나고 죄 없는 사람이 대신 감옥에 들어가는 일이 빈번했다.

"우리는 분명히 다시 돌아올 겁니다. 그리고 추 대장이 완쾌될 때까지 2주 동안 머물면서 치료해 드리겠습니다." 맥컬리 의사가 단호한 음성으로 말했다.

과연 6개월 후에 조나단과 맥컬리 의사는 다시 순시엔을 방문했다. 추 대장은 그들이 왔다는 소식에 놀라움을 감추지 못하면서 빨리 수술을 받고 볼 수 있게 되기를 바랐다.

맥컬리 의사는 임시 수술실을 갖추고 조나단이 그의 곁에서 조수로 거들었다. 백내장 수술을 간단하지만 정밀한 작업이었다. 얼마 후 수술을 끝내고 맥컬리 의사가 손바닥을 펴 보이며 물었다. "추 대장님, 제 손가락이 전부 몇 개인가요?"

추 대장의 주름진 얼굴에 환한 미소가 번졌다. "다섯 개요. 이젠 보여! 보입니다!"

"좋습니다. 이제 두 눈을 붕대로 감고 휴식을 취하면서 시력이 제대로 회복되도록 합시다. 2주가 지나 붕대를 풀면 전처럼 사물이 또렷하게 보일 겁니다."

두 주 동안 추 대장은 조나단과 맥컬리 씨와 함께 지내며 두 사람이 무엇을 하든지 따라다녔다. 기도모임을 비롯해서 밖에 나가 전도하는 데에도 끼었다. 그에게는 하나님이 모든 사람들을 사랑하신다는 얘기가 믿기지 않았다. 더욱이 자신처럼 악독하고 불의한 일을 수도 없이 저지른 사람도 사랑하신다니! 그러나 선교사들과 함께 지내는 가운데 서서히 그의 마음에 믿음이 자리 잡았고, 눈에 감은 붕대를 풀 즈음에 그는 주님을 영접하고 그리스도인이 되었다. 얼마 후에 추 대장의 아내도 예수님을 믿게 되었고, 그들은 순시엔의 거리를 다니며 사람들에게 전도하기 시작했다.

추 대장이 시력을 회복한 지 얼마 지나지 않은 어느 날, 조나단과 추 대장은 아들을 낳게 해준다는 여신상이 있는 어느 절 근처에서 전도를 하게 되었다. 아들을 선호하는 중국인들은 심지어 수백 리나 되는 먼 거리에서도 찾아와 신상 앞에 절을 하며 제물을 바치곤 했다. 마침 그들이 전도하던 날은 인근 마을의 군수가 신하와 군졸들을 이끌고 절에 행차를 나오는 날이었다. 군수의 팔에는 종이로 만든 아기의 모형이 들려 있었는데, 그 모형을 태워 제물로 바치면 여신이 진짜 아들을 낳게 해준다는 미신이 있었다.

군수의 행렬이 언덕을 넘어올 즈음 추 대장이 그들을 향해 큰 소리로 외치기 시작했다. "여러분들이 섬기는 여신은 아들을 낳게 할 신통력이 없습니다! 나도 한때는 이 여신이 대단히 영험한 줄로 알고 있었소. 내 눈이 점점 멀어 갈 때도 많은 돈을 들여 제사를 드리고 낫게 해달라고 빌었지만 아무 소용이 없었소. 그때 진정한 신인 하나님으로부터 보냄을 받은 사람들을 만났는데, 그들이 내 눈을 치료해 주었고 또한 내 어두운 영혼의 눈도 뜨게 해주었소. 여러분들은 과거에 내가 얼마나 몰염치하게 불의를 저지르며 사람들의 돈을 갈취했는지 잘 아실 것이오. 하지만 나는 이제 완전히 다른 사람이 되었고, 하나님의 사랑을 알게 된 이후에는 언제나 좋은 일만 하려고 애쓰고 있소. 기독교의 하나님이야말로 전능한 신이고, 여러분들이 섬기는 여신은 신이 아니라 그저 돌덩어리에 지나지 않을 뿐이오!"

추 대장이 이야기를 하는 동안 모든 사람들이 조용히 입을 다물고 그가 하는 말을 들으면서 군수가 어떻게 나올지를 주시했다. 군수마저 행렬을 계속 진행하려는 뜻이 없어 보이자, 이번에는 조나단이 입을 열었다. "저에게는 남자 형제 아홉 명과 여동생 한 명이 있고, 제 아내는 남자 형제 아홉 명과 언니 한 명이 있습니다. 저희 부부의 부모님들은 총 열아홉 명의 남자아이를 낳은 것입니다. 하지만 그분들은 아들을 낳게 해준다는 이 절의 여신에 대해서는 들어보지도 못한 분들입니다. 그럼 어떻게 그분들은 그렇게 다산의 복을 받으셨을까요? 그건 인간에게 아들과 딸을 낳게 하시는 진정한 하나님을 믿고 따랐기 때문입니다. 하나님의 말씀을 보면 우상에게 제물을 바치는 것은 아무 소용이 없고, 오직 하나님만이 아들을 주신다고 쓰여 있습니다."

조나단이 잠시 말을 멈추고 가쁜 숨을 돌리는 사이, 사람들은 군수에게 멈추어 있지 말고 절로 가자고 요청했다.

"군수님, 이렇게 시간을 허비하면 여신의 노여움을 살지도 모릅니다. 저 치들의 말을 믿지 말고 어서 출발하십시오."

군수가 고개를 가로저었다. "아니다. 너희가 정 가고 싶다면 가도 좋지만 나는 여기에서 저들이 말하는 하나님에 대해 더 듣고 싶다."

결국 세 시간이나 이야기를 나눈 끝에, 군수는 자신도 하나님을 믿겠다고 말했다. 손에 들고 있던 종이인형을 집어던지고 하나님께서 아들을 낳게 해주시기를 기다리겠다고 했다. 조나단은 너무 기뻐서 믿을 수가 없었다. 단 한 달 만에 그 고장에서 가장 유력하고 영향력 있는 두 사람이 기독교로 개종했을 뿐 아니라, 담대하게 사람들에게 복음을 전파하는 전도자가 되지 않았는가! 그는 서둘러 린칭에 있는 집으로 돌아와 로잘린드에게 그 기쁜 소식을 전했다.

조나단은 얼마 지나지 않아 개종한 군수가 매우 열심히 성경을 공부한다는 소식을 듣게 되었다. 군수는 사복음서를 몽땅 암기하여 가는 곳마다 전도를 한 결과, 40여 가정이 우상숭배를 그만두고 기독교를 받아들이게 되었다는 것이다.

본격적인 선교 준비

1889년 12월에 고포스 집안에는 건강한 사내아기가 태어났다. 아이의 이름은 도날드 맥길리브레이의 이름을 따서 도날드라고 지었는데, '꼬마 도날드'라고 부르곤 했다. 그 즈음 린칭에는 새로운 선교사들이 도착했다. 캐나다 출신의 부부세 쌍과 두 명의 독신 여선교사가 조나단과 도날드의 사역에 합류하게 된 것이다. 그들이 중국에 도착한 날 저녁, 그들은 함께 모여 가장 효과적으로 사역할 방도를 의논했다. 비록 조나단이 그들의 지도자이기는 했지만 앞으로의 사역 방

침은 함께 의논해서 결정하기로 했다. 한참을 논의하고 기도한 끝에, 그들이 중국어를 배울 때까지 약 1년 반 동안을 린칭에 머물고, 모두 중국어를 유창하게 말할 수 있게 되면 허난성 곳곳으로 퍼져서 사역을 시작하기로 결정했다.

신입 선교사들이 언어를 배우는 동안 조나단과 도날드, 그리고 다른 세 명의 남자 선교사들은 번갈아가며 허난성에 들어가서 선교기지를 세울 만한 적당한 장소를 물색했다. 외국인들과 부유한 중국인들은 대부분 가마나 당나귀를 타고 다니지만, 조나단은 두 다리가 멀쩡한 한 걸어 다니자고 주장했다. 이유는 간단했다. 린칭에 사는 동안 조나단은 중국인 몇 명이 선교 사역을 도와주고 싶어 한다는 사실을 알게 되었는데, 이는 그들이 하나님을 믿어서가 아니라 체푸의 선교사들이 부유하게 생활하는 모습을 보았기 때문이었다. 오직 진심으로 하나님을 믿고 섬기려는 사람들만 선교 사역에 동참시키고 싶었던 조나단은 당나귀를 타는 등 호사스러워 보이는 행동을 일절 삼가고 걸어 다니기로 한 것이다.

조나단은 가마나 당나귀를 사는 대신 중고 손수레를 4달러에 사서 현지인 한 명을 고용하여 하루에 임금 35센트를 주고 밀고 다니게 했다. 손수레 안에는 책, 옷, 전도에 필요한 물품들을 싣고 다녔다. 손수레로 물건들을 실어 나르고 값싼 여관에 묵었기 때문에 새로운 지역들을 다니는 경비가 하루에 단 50센트밖에 들지 않았다. 행여 선교사 덕에 조금이라도 편안하고 넉넉한 삶을 살고 싶어 하는 현지인이 있다면 그런 생활을 좋다고 할 리 없을 것이다.

조나단과 함께 여행하는 사람들은 모두 동틀 무렵에 일어나, 아침식사를 하기까지 최소한 7km를 걸었다. 아침을 먹은 후 다시 출발하여, 도중에 마을이 나오면 혹시 그곳에 그리스도인이 사는지 물었다. 만약 그리스도인이 산다면 조나단 일행은 그의 집에 들어가 용기를 북돋아 주고 함께 기도한 후에 다시 다음 마을로 떠났다. 어떤 때에는 하루에 8시간 내지 10시간을 걸었고 저녁에는 여관에 들러 잠을 잤다. 다른 선교사들은 여관에 들어가면 휴식을 취했지만, 조나단은 여관에 함께 묵는 사람들의 호기심 어린 눈빛을 놓치지 않았다. 숙박비를 지불하고 나서는 주변에 모여드는 사람들에게 성경 이야기를 들려주었다. 조나단이 약 반 시간 정도 이야기를 하고 나면 다른 선교사가 뒤를 이어 이야기했고, 조나단은 그제야 신발을 벗고 뜨거운 차를 마시며 휴식을 취했다.

때로는 그런 여행에 위험도 따랐다. 중국 전역에서 외국인들에 대한 반감이 점차로 깊어지고 있을 때였기에 조나단은 선교사들에게 중국 복장을 하도록 권면했다. 행여 마을 사람들이 선교사 일행에게 행패를 부리려고 하면 눈에 띄지 않고 군중 사이로 빠져나갈 수 있기 때문이었다. 하지만 가끔 중국인 옷을 입은 덕을 보긴 했어도 그렇지 못한 경우도 있었다. 1890년 여름의 어느 날, 조나단과 선교사 한 명이 어느 마을에 들어갔을 때 수많은 사람이 모여서 무슨 공연 비슷한 것을 지켜보고 있었다. 거대한 천막이 쳐져 있고 사방에서 사람들이 몰려와 안으로 들어가려고 아우성을 쳤다. 사람들이 모여 있는 곳에 가게 되면 조나단은 언제나 고개를 숙이고 뒤편에 서 있으려고 특별히 주의를 기울이곤 했는데, 그날만큼은 그 방법도 소용이 없었다.

"서양 귀신이다!" 한 여인이 조나단을 바라보며 소리를 질렀다. 순식간에 모든 사람들의 시선이 외국인 침입자에게로 쏠렸다. 조나단은 얼른 동행한 선교사의 손을 잡고 달아나기 시작했다. 사람들의 고함과 욕하는 소리가 들려오고, 날아오는 돌들이 등을 내리쳤다. 그때 갑자기 뭔가 휙 하는 소리가 나더니 곧이어 나무들이 우지끈 부러지는 소리가 들렸다. 조나단이 달아나던 발을 멈추고 뒤를 돌아다보는 순간, 공연장의 거대한 천막이 무너져 내리는 것이 보였다. 그 바람에 사람들은 서양 귀신을 쫓는 게 아니라 천막에 깔린 사람들을 구해내느라 정신이 없었다. 조나단은 그 틈을 이용해 마을을 빠져나올 수 있었다. 어쨌거나 이는 외국인을 죽이려는 중국인들의 반감이 얼마나 깊은지를 여실히 드러내는 사건이었다.

18개월 동안 허난성 지역을 여러 차례에 걸쳐 다녀온 후 선교사들이 각지에 흩어질 날이 다가왔다. 하지만 그 전에 마지막으로 조나단이 한 번 더 그 지역을 다녀올 예정이었다. 로잘린드는 또다시 아들을 낳아 폴이라고 이름 지었고, 아이들 돌보랴, 언어 공부하랴, 집안일 하랴 정신없이 바쁜 나날을 보냈다.

도날드의 죽음과 계속되는 고난

꼬마 도날드가 18개월이 되던 해의 어느 날이었다. 도날드는 집 안의 베란다에서 뛰어놀고 있었고, 조나단이 아이를 붙잡으려고 하자 도날드는 아빠가 장난을 치는 줄 알고 더 빨리 달아나기 시작했다. 그런데 베란다의 난간 하나를 붙들고 빙글빙글 돌며 깔깔대고 웃던 도날드가 갑자기 난간을 놓치는 바람에 그대로 바닥에 떨어지고 말았다. 떨어지며 화분에 도날드의 머리가 부딪치는 장면을 공포에 질린 눈으로 지켜본 조나단은 부리나케 아들에게로 달려갔다. 다행히 아이가 눈을 뜨고 싱긋 웃는 모습을 보며 조나단은 놀란 가슴을 쓸어내렸다.

"오, 하나님! 아이가 다치지 않아 감사합니다!" 그는 도날드를 들어 무릎에 앉히며 안도의 기도를 드렸다. 하지만 그것은 안도할 일이 아니었다. 떨어진 즉시 별다른 이상 증세를 보이지는 않았지만, 아이는 며칠 후 시름시름 앓기 시작했다. 점차 팔다리마저 제대로 움직이지 못하자 조나단과 로잘린드는 아무래도 아이를 데리고 상하이에 가서 전문 치료를 받게 해야겠다고 생각했다. 그러나 1891년 7월 말이 되자 도날드는 더는 고개조차 가누지 못하고 숨도 제대로 쉬지 못했다. 7월 25일, 꼬마 도날드는 조용히 숨을 거두었고, 조나단은 또다시 아이의 시신을 수레에 싣고 펑추앙으로 갔다. 그리고 먼저 묻힌 거트루드 옆에 도날드를 나란히 묻었다.

참으로 가슴 아픈 나날이었다. 조나단과 로잘린드가 중국에 머문 지 3년 반밖에 되지 않았건만 세 명의 아이 중 두 명이 하늘나라로 떠나 버렸다. 조나단에게 유일한 위로가 되는 것은 앞으로 허난성에서 펼쳐 나갈 선교 사역에 대한 기대감뿐이었다.

하지만 중국의 상황 또한 선교사들에게 쉽지만은 않았다.

외국이 계속 중국 내정을 간섭하다 보니 외국인들을 향한 중국인들의 반발심이 점차 고조되었다. 각 지역마다 외국인들에 대한 비방을 적은 벽보가 나붙었다. 그런 상황에서 조나단 가족이 황당한 유언비어의 주역이 되는 것도 당연한 일이었다. 어떤 남자는 조나단이 중국인 아이들에게 마약을 먹여서 조나단의 집으로 데려간다고 소문을 냈다. 조나단의 집 창문으로 몰래 들여다보았는데 조나단이 아이들을 죽여서 눈과 심장을 도려내더라는 것이었다. 그는 조나단이 아이들의 눈과 심장으로 강력한 효험이 있는 약품을 만드는 것 같다고 추측했다. 그리고 아이들의 시신은 거대한 병 안에 보존한다고 했다.

가난한 중국인들은 대부분 이전에 외국인들을 한 번도 본 적이 없었으므로 소문을 곧이곧대로 믿었다. 따라서 용기를 내어 조나단의 집을 찾아오는 사람들은 극소수에 불과했고, 그중 몇 명만이 조나단이 들려주는 하나님의 말씀에 귀를 기울였다. 장님이 되었다가 시력을 되찾은 추 대장이 조나단에게로 와서 선교 사역을 도왔지만 그를 비롯한 사역자들은 끊임없이 죽음의 위협에 시달렸으며, 선교사들이 하룻밤 묵도록 허락해 주는 여관도 없었다.

그런 상황 속에서 조나단은 몇 가지 안전수칙이 필요함을 깨달았다. 외국인은 절대로 군중들이 몰려 있는 가운데로 들어가면 안 되고, 항상 담을 등지고 서 있어야 했다. 중국인들은 자신을 정면으로 바라보는 사람에게는 절대로 돌이나 벽돌을 던지지 않기 때문이었다. 그들은 주로 외국인들이 다른 곳을 보고 있을 때 돌을 던지곤 했다. 그래서 담을 등지고 서 있으면 사람들을 정면으로 마주하기에 돌을 덜 맞을 수 있었다. 사람들이 고함을 치고 욕을 하며 거칠게 나와도, 도망가기보다는 차라리 가만히 서서 사람들을 응시하는 쪽이 훨씬 안전했다.

이렇게 거의 감옥이나 다름없는 생활을 한지 몇 달이 지나, 베이징의 한 영국 관리가 중국 정부에 선교사를 비롯한 모든 외국인들이 정당한 대우를 받게 해달라는 요청을 했다. 그 후로는 헛소문들이 다소 줄어들고, 호기심에 찬 소수의 중국인들이 조나단의 전도에 귀를 기울이기도 했다.

1894년 6월, 조나단 가족이 첫 안식년을 맞아 고국인 캐나다로 돌아갈 시기가 가까워지고 있었다. 그 무렵 조나단에게는 창더라는 지역이 새로운 선교기지를 세우기에 안성맞춤이라는 생각이 들었다. 지난 2년간 캐나다 장로교단 소속의 선교사들에게 창더에 새 선교기지를 세우자고 몇 번 건의를 하고 찬반투표를 했지만 그때마다 거절당했다. 이미 기존의 선교기지에도 일손이 모자라는 판에 새로운 선교기지를 세우는 데 인력을 투입할 수 없기 때문이었다.

고국으로 떠나기 직전, 마침내 선교사 회의에서 조나단과 도날드 맥길리브레이가 창더로 옮겨도 좋다는 허락이 떨어졌다. 단 새로운 선교기지를 세우기 위한 인력은 두 사람 스스로 마련한다는 전제조건하에서였다. 조나단에게 그것은 문제가 아니었다. 일단 창더에 도착하기만 하면 모든 일이 수월하게 풀리리라고 믿었다. 하지만 우선은 세 살 반이 된 폴과 막 돌이 지난 딸 플로렌스를 데리고 캐나다로 돌아가서 안식년을 보내고 난 후의 일이었다.

여행에 필요한 짐들을 꾸리는 동안 추왕과 인근 지역을 뒤덮어 버린 대홍수가 일어났다. 이로 인해 강 수위가 올라가서 선교기지마저 물속에 잠겨 버렸다. 조나단 가족은 지붕으로 대피해 물이 줄어들기를 기다리는 동안 집안에 있는 물건들은 누런 흙탕물에 떠내려갔다. 물이 빠지고 나자 그나마 떠내려가지 않고 남은 물건들에는 곰팡이가 피어 못쓰게 되었다. 유일하게 건진 물건이라곤 오르간밖에 없었다. 어처구니없는 재앙의 반복이었다. 중국에 도착하자마자 화재로 모든 것을 잃어버렸고, 중국을 떠나기 직전인 지금은 화재 이후에 장만한 물건들이 몽땅 홍수에 쓸려가 버리고 말았다.

캐나다로 가는 선박 여행은 중국에 올 때보다 순탄하고 쾌적했으나 캐나다에서 보낸 시간들은 그리 만족스럽지 못했다. 조나단은 일주일에 8번 내지 10번을 예배나 모임에 나가 선교 상황을 보고했고 가족과 옛 친구들을 방문하여 중국에서 지낸 이야기를 나누곤 했으나, 그의 마음은 항상 두고 온 중국 땅에 가 있었다.

조나단은 중국에 돌아가서 창더에 새로운 선교기지를 세울 꿈에 부풀어 있었으나, 로잘린드가 곧 아기를 해산할 예정이었으므로 아기가 태어날 때까지 기다렸다가 1894년 9월 22일에 항해 길에 올랐다. 새로 태어난 아기는 딸이었고 헬렌이라고 이름 지었다. 조나단은 자신이 떠난 후 두 달 뒤에 로잘린드가 폴과 플로렌스, 헬렌을 데리고 중국으로 돌아올 수 있도록 만반의 준비를 갖추어 주고 떠났다. 그때가 되면 갓 태어난 헬렌이 긴 항해를 견딜 정도로 자랄 것이다.

감사와 신뢰를 드리는 삶

조나단은 무척 기뻤다. 선교사로써의 삶이 생각했던 것만큼 쪼들리거나 궁핍하지 않았다. 가계부를 정리한 그는 아내에게 달려가, 10월까지 앞으로 6개월이나 남았는데도 벌써 1년 총수입의 십일조를 했다는 반가운 소식을 전했다. "이제 남은 6개월분의 십일조는 어떻게 할까요?"

조나단의 물음에 로잘린드는 바느질하던 옷을 내려놓고 고개를 갸웃거렸다. "글쎄요, 우리가 이미 1년치 십일조를 했다면 10월까지는 더 헌금을 할 필요는 없지 않겠어요?"

조나단은 로잘린드의 옆자리에 앉아 아내의 얼굴을 들여다보며 되물었다. "당신은 그렇게 생각해요? 나는 하나님이 이렇게 풍성하게 우리에게 베풀어 주셨으니 올해 말이 되기 전에 또다시 십일조를 해야 한다고 생각하고 있었는데." (69쪽)

조나단의 초점은 하나님이 주시는 무언가보다 그것을 주신 하나님께 있었다. 선교지에서 처음 자리를 잡는 과정에서 필요한 것들이 무척 많았지만, 그는 무엇보다 먼저 자신들을 돌보아 주신 하나님의 은혜에 감사하고자 했다. 그렇기에 의무감이나 부담감이 아닌 기쁨으로 십일조의 두 배나 되는 금액을 헌금할 수 있었던 것이다. 그리고 은혜에 감사하며 공급하심 또한 순수하게 신뢰하는 그의 마음을 보신 하나님은, 조나단의 평생 동안 그를 신실하게 돌보아 주셨다.

"그런즉 너희는 먼저 그의 나라와 그의 의를 구하라 그리하면 이 모든 것을 너희에게 더하시리라"(마 6:33).

Chapter 5

열린 문

조나단이 중국에 도착하자마자 모든 일들이 순조롭게 풀려 나갔다. 조나단이 고국에 가 있는 동안 도날드 맥길리브레이는 창더에 가서 새로운 선교기지를 세울 만한 적당한 장소를 구입해 두었다. 바로 성문 밖에 위치한 곳이었다. 조나단이 그곳에 집과 교회 건물을 신축하는 것을 감독하기로 하고, 도날드는 인근 지역을 다니며 전도했다.

그러나 건축을 감독하는 일은 생각보다 만만치 않았다. 중국인 인부들은 어떻게든 외국인들의 눈을 속여 건축 자재들을 훔쳐 가려고 했던 것이다. 조나단은 사온 자재들이 도둑맞지 않고 제대로 건축에 사용되는지를 감독하느라 진을 빼야 했다. 조나단은 매일 벽돌과 목재의 무게를 확인하며, 자재들이 이유 없이 줄어들지 않았는지 계속 점검했다.

로잘린드가 아이들을 데리고 중국에 도착했을 즈음에는 건물이 거의 다 지어진 상태였다. 조나단 가족이 살 집은 나무로 지어진 단순한 형태였고, 바닥은 다른 현지인들의 집처럼 흙바닥이었다. 외국인 선교사들이 들어와 산다는 소문은 곧 마을 전체에 발 빠르게 퍼져 나갔다. 그 외국인들은 음악 소리가 나는 상자(오르간)도 갖고 있고, 머리는 옥수수 색깔에다가 피부가 하얀 자녀들이 있으며, 여자의 발은 마치 남자 발만큼이나 커다랗다고 수군거렸다. 당시 중국에서는 여자아이들의 발을 천으로 단단히 묶어 자라지 못하게 만드는 '전족'이라는 풍습이 유행했으므로 여인들은 절뚝거리며 오래 걷지 못했다.

조나단 가족이 새로 지은 집에 이사 온 첫날부터 외국인들을 보려는 구경꾼들이 집 주변에 몰려들었다. 조나단이 이렇게 좋은 기회를 놓칠 리가 없었다. 그날 후로는 구경꾼들의 숫자가 줄어들 것이라 예상한 조나단과 로잘린드는 모인 사람들에게 곧장 전도하기 시작했다. 그러나 예상을 뒤엎고 창더에 사는 외국인들에 대한 호기심은 점점 더 고조되어,

구경꾼들은 계속해서 몰려왔다.

몇 주 만에 조나단과 로잘린드는 녹초가 되었다. 조나단은 하루에 여덟 시간 이상씩 예배실에서 남자들에게 전도하고, 로잘린드는 집에 찾아오는 여인들 수백 명과 이야기하며 하나님의 말씀을 전했다. 어떤 때에는 로잘린드가 너무 말을 많이 한 탓에 이야기를 할 수 없을 정도로 목이 쉬어 버려, 조나단에게 전갈을 보내 도와달라고 요청할 정도였다. 이렇게 창더에 온지 한 달이 지났지만 그들은 어찌해야 할지 갈피를 잡을 수 없었다. 다른 선교기지에서 일하는 사역자들의 도움을 받지 않겠다고 약속했지만 다른 사람의 도움이 절실히 필요했다.

현지인 동역자

어느 날 새벽, 밖은 여전히 어둠에 덮여 있을 무렵이었다. 조나단은 일찍이 일어나 등잔불에 의지하여 성경을 읽고 있었다. 그런데 빌립보서 4장 19절의 "나의 하나님이 그리스도 예수 안에서 영광 가운데 그 풍성한 대로 너희 모든 쓸 것을 채우시리라"는 말씀 중에서 "너희 모든 쓸 것"라는 구절이 특히 가슴 깊이 박히는 것이었다. 그는 벌떡 일어나 "로잘린드!"하고 외치며 자고 있는 아내를 깨웠다. "하나님이 우리의 모든 필요를 채우시겠다고 약속하셨어요! 그리고 우리는 지금 사역자가 절실히 필요한 형편이니, 함께 기도하면서 지금 당장 하나님이 누군가를 보내 주시도록 간구합시다."

로잘린드는 졸린 눈으로 남편을 바라보았다. "하지만 어디에서 그런 사람을 만날 수 있겠어요? 다른 선교기지의 사역자를 데려오지 않기로 약속했잖아요."

"나도 몰라요. 하지만 우리가 기도하면 반드시 응답하실 것만은 분명해요." 조나단은 조금도 기가 꺾이지 않은 힘찬 목소리로 대답했다. 곧 두 사람은 바닥에 무릎을 꿇고 함께 기도했다.

다음 날 아침이 되어 조나단이 예배실에서 말씀을 전하는데, 문득 사람들 뒤편에 거지 한 명이 서 있는 모습이 보였다. 며칠을 굶었는지 얼굴은 무척 수척했고, 다 떨어진 누더기 옷에 신발도 신고 있지 않았다. 조나단의 이야기가 끝나자 사람들이 하나둘씩 예배실을 빠져나갔다. 조나단이 옆문을 통해 예배실을 나가는 것을 보고 그 거지가 조나단을 따라왔다. 밖에 나와 환한 햇빛 아래서 보니 그제야 누구인지 분간이 되었다. "아니, 왕푸린! 당신 맞습니까?"

"예 목사님, 맞습니다." 왕푸린이 대답했다.

"우리 집에 가서 같이 점심을 먹지 않겠어요? 로잘린드도 당신을 보면 반가워할 겁니다."

왕푸린은 조나단의 집에서 점심을 먹으며 그간의 이야기를 털어놓았다. 조나단 부부가 그를 만난 것은 2년 전 린칭에서였다. 왕푸린은 신약성경을 두 번이나 읽고 그 말씀이 진리라고 믿었음에도 불구하고, 자기 자신을 볼 때 더는 소망을 발견할 수 없었다. 그는 아편 중독자였고, 아무리 애를 써도 자신의 생명을 좀먹고 있는 마약의 손아귀에서 벗어날 수가 없었던 것이다.

그때 조나단이 왕푸린에게 선교병원에 가서 도움을 받으라고 권했고, 감사하게도 병원에서의 오랜 치료와 노력을 거쳐 그는 마침내 아편을 끊게 되었다. 하지만 그리스도인이 된 까닭에 왕푸린은 생계유지 수단이던 도박장 운영을 그만두어야 했고, 결국 아무런 수입도 없이 지난 2년 동안 시골 지역을 떠돌아다니며 때로는 굶주림을 해결하기 위해 나무껍질과 풀잎을 먹기도 했다는 것이다.

"그런데 바로 어제, 이상하게 자꾸만 창더로 가야겠다는 생각이 들었어요. 혹시 이곳에서 제가 할 일이 있을까요?" 차를 한 모금 들이마신 왕푸린이 조나단을 바라보았다.

조나단은 옆에 앉은 로잘린드의 얼굴을 바라보았다. 뭐라고 대답을 해야 한단 말인가? 바로 어제 두 사람이 사역자를 보내 달라고 기도하기는 했지만, 왕푸린이 선교 사역을 도울 동역자라고는 도저히 상상할 수가 없었다.

"먼저 밥이나 다 먹고 몸을 씻고 난 다음에 천천히 이야기합시다."

얼마 후, 조나단의 셔츠와 바지를 빌려 말끔하게 차려 입은 왕푸린은 전혀 딴사람처럼 보였다. 그러나 여전히 양 볼이 쑥 들어가고 뼈만 앙상하게 남은 몸 때문에 옷이 너무 헐렁했다.

"오늘 오후에 나와 함께 사람들에게 전도하러 가지 않겠어요?" 조나단의 물음에 왕푸린이 눈을 빛내며 대답했다. "정말입니까? 저에게 그보다 더 기쁜 일은 없지요!"

왕푸린이 일어나 사람들에게 이야기를 시작하자 조나단은 놀라움을 감출 수가 없었다. 자신이 어떻게 예수님을 만났고, 예수님이 어떻게 자신을 아편 중독에서 벗어나게 해주셨는지를 간증할 때, 사람들은 모두 숨을 죽이고 귀를 기울였다. 그의 이야기는 장장 세 시간이나 계속되었고, 시간이 지날수록 그는 더욱 열변을 토했다.

조나단은 왕푸린과 함께 저녁을 먹으러 집으로 돌아가면서 칭찬을 아끼지 않았다. "정말 놀라운 간증이었어요! 어디에서 그런 능숙한 말솜씨를 익힌 겁니까?"

"잊어버리셨어요? 오래전, 제가 도박장을 운영하기 전엔 지방에서 유명한 재담꾼이었죠. 그때는 제 이야기를 들으러 수십 리 떨어진 곳에서도 사람들이 찾아오곤 했어요. 물론 돈벌이도 좋았지요." 그는 잠시 뜸을 들인 후에 약간 풀죽은 목소리로 말을 이었다. "하지만 아편을 피우기 시작하면서 목이 아파서 큰 소리를 낼 수가 없게 되었죠. 그래서 도박장을 열게 된 겁니다."

"그렇군요. 혹시 내일도 간증을 해줄 수 있을까요?" 어쩌면 왕푸린이야말로 자신의 기도에 대한 하나님의 응답일지 모른다고 생각하며 조나단이 물었다.

왕푸린은 만면에 미소를 띠며 대답했다. "물론이죠. 기꺼이 그렇게 하고 싶습니다." 그 후 왕푸린은 기대 이상의 능력 있는 전도자가 되었다. 허약한 몸에도 불구하고, 그는 한 번에 몇 시간씩 간증을 하며 전도하기를 쉬지 않았다.

놀라운 사역의 열매들

1895년 12월 16일에 조나단은 가족에게 다음과 같은 편지를 써서 보냈다.

> 지난 5주간 우리를 찾아오는 남자들이 너무 많아서 하루에 평균 여덟 시간 이상을 전도하지 않으면 안 되었습니다.…저와 왕푸린을 돌아가며 설교를 했는데, 하루 종일 예배실이 빈 적이 없었습니다.…어떤 남자들은 반나절이나 앉아서 듣기도 했죠. 개중에는 먼 곳에서 찾아온 사람들도 있는데, 설교 말씀에 너무 집중한 나머지 집에 돌아가는 것조차 잊어버리곤 했답니다.

얼마 후에 조나단은 그 후에 일어난 일들을 적은 편지를 다시 보냈다.

> 창더에 온지 5개월이 지났는데…2만 5천명의 사람들이 우리를 만나러 왔고 그들 모두 하나님의 말씀을 전해 들었습니다.

조나단과 왕푸린의 전도로 그리스도인이 된 중국인 중에는 명망 높은 의사와 부유한 대지주도 있었다. 이 두 사람의 개종으로 인해 수많은 사람이 그들의 본을 따랐고, 창더에 선교기지를 세운 지 단 몇 개월 만에 각 마을마다 작은 기독교인 모임이 생겨났다.

1896년 여름에 접어들자 로잘린드에게도 함께 성경을 가르칠 동역자가 필요하게 되었다. 로잘린드가 아무리 녹초가 되도록 뛰어다녀도 집에 찾아오는 수많은 여인들을 일일이 전도하기란 불가능한 일이었다. 게다가 로잘린드는 8월에 해산을 앞두고 있었다. 전도할 수 있는 중국인 여인을 찾기란 무척 어려웠지만, 조나단과 로잘린드는 하나님이 그들의 기도에 응답하셨음을 기억하면서 이번에는 사역을 도울 여인을 보내 달라고 기도했다.

일주일 후에 다른 지역을 다니며 전도하던 도날드 맥길리브레이가 돌아왔다. 그가 이야기해 주는 갖가지 전도 경험담 중에 쳉씨 일가에 대한 이야기에 조나단의 귀가 번쩍 뜨였다. 쳉밍산이라는 매우 가난한 농부가 아내와 세 명의 자녀, 홀어머니와 함께 살고 있었는데, 그들은 매우 독실한 불교 신자로, 늘 절을 찾아가 불공을 드리고 승려에게 꼬박꼬박 시주를 했다. 또한 불교의 도를 열심히 설파하는 전도자이기도 했다.

그런데 쳉밍산에게는 예전에는 불교 신자였다가 도날드의 전도를 받아 그리스도인이 된 친구가 한 명 있었다. 그는 도날드에게 자신과 함께 쳉밍산의 집에 가서 복음을 전해 달라고 요청했고, 도날드는 그와 함께 쳉 일가가 사는 허름한 오두막에 방문했다. 감사하게도 도날드가 복음을 전하자, 쳉밍산 뿐 아니라 그의 어머니도 하나님의 말씀을 주의 깊게 들은 후 그리스도인이 되기로 결정했다는 것이다.

"그럼 쳉밍산의 아내는 어떻게 되었나?" 조나단이 궁금해서 물었다.

"사실은 그 때문에 몹시 안타까웠네. 남편이 개종한 것을 알고 극도로 화가 난 부인은 밖으로 뛰어나가서 이제 불교를 버린 죄로 가족이 천벌을 받게 될 것이라며 고래고래 소리를 질렀다네. 부인에게는 아무리 설득을 해도 소용이 없었지만, 쳉밍산과 어머니의 믿음은 흔들리지 않았지. 그리고 우리에게 자신의 아내가 하나님께 돌아올 때까지 기도할 것이라고 말했네."

조나단은 그의 말을 들으며 한 가지 기발한 생각이 떠올랐다. "자네 생각에 쳉밍산의 어머니께서는 진정으로 복음을 이해한 것 같은가?"

"물론이야. 내가 두 사람을 위해 영접 기도를 해주고 난 다음, 쳉씨 부인이 모든 불상과 우상들을 들고 밖으로 나가더니 그것들을 산 아래로 내던져 산산조각을 내더군. 그리고 그때부터 예수님 이야기만 하고 다닌다네."

조나단은 흥분을 진정시키며 다시 물었다. "그렇다면 쳉씨 부인이 여기에 와서 로잘린드를 도울 수 있다고 생각하는가? 우리는 그동안 전도할 여인을 보내 달라고 기도하고 있었거든."

도날드가 고개를 끄덕였다. "로잘린드에게 이야기해서 즉시 쳉씨 부인에게 이곳에 와 달라고 부탁하는 편지를 보내 보게나. 부인은 여러 해 동안 불교의 도를 설파하는 사람이었으니, 자신의 믿음을 다른 사람들에게 전하는 일엔 누구보다도 열심일 거야."

그날 저녁, 조나단은 로잘린드에게 쳉씨 부인의 이야기를 들려주었고, 로잘린드는 저녁식사 후 그녀에게 보내는 편지를 썼다. 얼마 지나지 않아 쳉씨 부인은 답장 대신 직접 찾아왔고, 즉시 팔을 걷어붙이고 전도에 앞장섰다.

새로운 집 구경과 전도 전략

그 즈음 조나단과 로잘린드는 더 큰 집을 지으려는 계획을 세우고 있었다. 이제 곧 또 다른 아기가 태어날 예정이었고, 지금 사는 중국식의 집은 식구들이 살기에 너무도 비좁았다. 그들이 구상한 새집은 외부에서 보면 중국식 가옥처럼 보이지만 내부는 서양식으로 편리하게 꾸며진 집이었다.

"우와! 정말 멋져요, 여보!" 새로 지은 집을 처음으로 구경하던 로잘린드가 입을 다물지 못했다. 그녀의 팔에는 갓 돌이 지난 그레이스가 안겨 있었고, 세 명의 아이들은 엄마 뒤를 졸졸 따라다녔다. 플로렌스와 헬렌이 신기한 듯 마룻바닥을 쾅쾅 소리 내며 걷는 모습을 보고 조나단이 너털웃음을 터뜨렸다.

로잘린드도 두 딸의 모습을 보며 한마디 했다. "저 애들은 흙바닥밖에 밟아 보지 못했으니 마루바닥이 마냥 신기한가 봐요. 이 집에 익숙해지려면 시간이 좀 걸리겠는데요."

옆에 있던 폴도 한마디 거들었다. "맞아요, 엄마. 제 방에 있는 창문은 유리로 되어 있어요. 저번 집에는 덮개를 열어야 밖이 보였는데 이제는 창문을 열지 않고도 바로 밖을 볼 수 있어요." 조나단과 로잘린드는 서로 얼굴을 바라보며 빙그레 웃었다.

조나단 가족은 새집을 구경하느라 시간가는 줄을 몰랐다. 그 집은 밖에서 보기에는 여느 중국식 가옥과 별 다를 바가 없었지만, 집 안은 중국식 집과 전혀 다른 서양식 구조와 물건들을 갖추고 있었다. 침실에는 침대가 놓여 있고, 부엌에는 편리하게 요리할 수 있는 스토브가 있고, 선반 대신에 문이 달린 찬장이 놓였다.

"이 집이 복음을 전하는 데 보탬이 되면 정말 좋겠소." 조나단이 헬렌의 장난을 멈추게 하려고 번쩍 들어 목말을 태워 주며 말했다.

"분명 그럴 거예요. 전에도 중국 사람들이 우리 집에 얼마나 많이 찾아왔는지 생각해 보세요. 그때도 이것저것 신기해서 두리번거렸잖아요."

조나단의 바람은 기대 이상으로 이루어졌다. 조나단이 이상하고 신기한 물건들로 가득 차 있는 새집을 지었으며, 원하는 사람이면 누구든지 구경시켜 준다는 소문은 순식간에 동네방네 퍼져 나갔다. 오래지 않아 조나단의 집 밖에는 구경을 온 남자들이 새벽부터 장사진을 치는가 하면, 밤이 늦어서야 구경꾼들이 돌아가는 일이 심심치 않게 벌어졌다. 얼마 지나지 않아 조나단은 그들에게 집을 구경시켜 줄 뿐 아니라 전도까지 함께 할 수 있는 방법을 고안해 냈다.

아침식사를 한 뒤에 조나단은 베란다에 나가서 집 밖에 모여 있는 사람들에게 큰소리로 말했다. "여러분! 여러분에게 드릴 말씀이 있습니다! 먼저 제 말씀을 잘 들어 주시면 집 안으로 모셔서 구경을 시켜 드리겠습니다!"

그 말에 사람들은 곧 조용해졌고 조나단은 간단한 설교를 했다. 그런 다음에는 스무 명 정도씩 집안으로 데리고 들어가 구경을 시켜 주었다.

플로렌스와 헬렌이 그랬던 것처럼 중국인 남자들도 발로 마룻바닥을 소리 나게 걷는가 하면, 굴뚝을 통해 연기가 집 밖으로 빠져나가도록 되어 있는 시설에 감탄을 하기도 했다. 굴뚝은 그들이 생전 처음 보는 것이었다. 중국식의 집은 화덕에서 나오는 연기가 밖으로 빠져나갈 구멍이 없어 언제나 집 안에 매캐한 연기가 가득 찼다. 사람들은 서랍들을 하나씩 열어 보기도 하고, 베개에 씌운 베갯잇을 벗겨 보고, 침대 밑에 무엇이 있는지 보려고 매트리스를 뒤집어 보기도 했다. 그들은 아이들의 장난감, 그레이스가 타는 유모차, 커다란 세발자전거를 보고는 신기해서 눈이 휘둥그레졌다.

어느 날, 조나단이 남자들을 데리고 계단을 올라 다락방으로 가고 있을 때였다. 한 무리의 여인들이 무엇에 놀라 기겁을 한 듯 소리를 지르며 달려 나가고 있었고, 로잘린드가 그들을 쫓아 달려가고 있었다.

"무슨 일인가요??" 조나단이 로잘린드에게 물었다.

"믿으실지 모르겠지만 글쎄, 아이들 방에 있는 인형들을 보더니 누가 그게 아기 시체라고 말하는 바람에 난리가 났지 뭐예요."

그러나 조나단은 남자들을 안내하느라 바빠서 도저히 여

인들을 도와줄 형편이 되지 못했다. 결국 로잘린드가 달아나는 여인들을 붙들고 그것이 인형이라는 사실을 설명해 주어야 했다. 조나단은 여인들이 아내의 설명을 듣고 이해하게 해달라고 속으로 기도했다. 지난번처럼 끔찍한 소문이 나돌면 큰일이었다. 그때는 몇몇 중국인들이 조나단과 로잘린드가 식사 도중 붉은 색의 음료수를 마시는 것을 보고, 선교사들이 어린아이들의 피를 마신다고 소문을 냈던 것이다. 그 바람에 한동안 사람들의 소동에 시달려야 했었다.

한 무리의 사람들이 집 구경을 끝내고 나면 조나단은 계속해서 기다리고 있는 다른 무리의 사람들을 데리고 집을 돌았고, 그러다 보면 하루해가 졌다. 일주일 중에 엿새를 그런 식으로 보냈지만 호기심에 찬 중국인들의 발길은 끊일 줄을 몰랐다. 물론 집 구경 덕분에 전도할 수 있는 기회들이 많이 생겼다. 사람들은 난생처음으로 그들을 사랑하시고 날마다의 삶을 돌보시는 하나님이 있음을 듣게 되었다.

하지만 조나단에게는 집을 구경하고 가는 수천 명의 사람들에게 전도할 수 있는 기회가 구경꾼들에게는 그 집에 있는 물건들을 기념 삼아 슬그머니 집어 갈 절호의 기회이기도 했다. 하루에도 수없이 찾아오는 손님들을 일일이 지켜보기란 불가능했다. 못에 박힌 물건이나 큰 물건들을 제외한 웬만한 것들은 중국인들의 넓은 소매 주머니 속으로 감쪽같이 사라졌다. 나이프, 포크, 그림, 머리빗 등은 특히 그들이 좋아하는 품목이었다. 로잘린드가 재단용 가위를 아무리 꼭꼭 숨겨 두어도 어느 틈엔가 사라지곤 했다. 어느 때는 가위뿐 아니라 바늘과 바늘통, 재봉틀로 반쯤 박아 둔 딸들의 옷들마저 없어져 버렸다. 아기용 모자와 물건들은 두말할 것도 없었다. 로잘린드는 아예 바느질을 포기하고 말았다.

하루 이틀도 아니고 날마다 그런 식으로 생활한다는 것은 가족에게 대단히 불편한 일이었다. 특히 아이들이 마음 놓고 생활할 수가 없었다. 하지만 주변의 시골 마을을 다니면서 그동안의 수고가 헛되지 않았음을 깨닫게 되었다. 가는 곳마다 누군가 다가와서 "아, 선교사님이시군요! 저번에 댁에 갔을 때 잘 대접해 주셔서 감사합니다. 자, 이제는 제가 저희 집으로 모시겠습니다"라고 말하는 것이었다. 이렇게 조나단은 다시 한 번 그들의 집에서 복음을 전할 수 있는 기회를 가지게 되었다.

선교 사역은 성공을 거두고 있는 반면에 조나단 가족의 삶에는 계속해서 어두운 그림자가 드리웠다. 두 살이 된 그레이스가 말라리아에 걸려 신음하는 모습을 보고 조나단 부부는 근심에 휩싸였다. 배가 부풀어 오른 것을 보면 비장이 감염되었다는 증거였다. 선교 기지에 있는 모든 사람들이 자신이 할 수 있는 한 최선을 다해 도왔지만, 1899년 10월 3일, 그레이스는 아버지의 품에서 숨을 거두고 말았다. 조나단과 로잘린드는 사랑하는 자녀를 세 번째로 중국 땅에 묻어야 했다. 그레이스의 시신은 집 뒷마당의 아름다운 나무 아래 묻혔다.

얼마 후에 큰아들 폴마저 병에 걸려 사경을 헤맸다. 그것도 모자라 이번에는 조나단의 피부가 노란색으로 변해 갔다. 두말할 것도 없는 간염 증상이었다. 당시 간염은 목숨을 앗아가는 무서운 질병 중 하나였다. 그런데다 임신 중인 로잘린드의 상태마저 좋지 않았다. 곧 해산달이 가까웠지만 과연 순산을 할 수 있을지 의문이었다.

겹치는 어려움 속에 힘든 한 해를 보냈으나 다행히 폴과 조나단의 병세가 차츰 좋아졌고, 로잘린드는 1899년 11월 25일 무사히 아들을 낳아 윌리스라는 이름을 지어 주었다.

창더에서 거둔 열매들

한편 그해 10월의 어느 날은 가장 많은 구경꾼이 몰려든 날이 있었다. 당시 창더에는 두 가지 큰 행사가 벌어지고 있었다. 하나는 일 년에 두 번 열리는 축제였는데 그때에는 수많은 사람이 그 도시의 신상을 들고 절로 행진해 들어갔다. 그 절이 선교기지에서 별로 멀지 않은 곳에 있었던 것이다. 두 번째 행사는 정부에서 실시하는 관리 시험이었다. 해마다 헤아릴 수 없이 많은 수험생들이 창더로 몰려들었다. 조나단의 집 앞에도 엄청난 군중이 동트기 전부터 와서 기다렸고, 오전 10시가 되자 5백 명에 이르는 사람들이 문 앞에서 아우성을 쳤다. 조나단은 그 사람들을 150명 정도씩 나누어서 먼저 하나님의 말씀을 전한 후 집 안으로 인도했다. 그날도 어김없이 각각의 무리가 집 안을 다녀간 후 물건들이 종적을 감추었다.

보통 조나단이 사람들에게 거실을 보여 줄 때는 로잘린드가 함께 들어와서 오르간으로 찬송가를 연주했다. 그러면 중국 사람들은 넋을 잃고 오르간 소리에 귀를 기울이곤 했다. 그러나 그날만큼은 도날드를 비롯해서 왕푸린과 쳉씨 부인 모두 정신없이 바쁜 상황이었기에 오르간 연주에 걸리는 단 2분의 짬도 낼 수가 없었다. 사람들을 실망시키기가 싫어서 조나단은 자기가 직접 오르간 앞에 앉았다. 물론 연주법을 모르는 그가 어떤 건반을 눌러야 할지 알 리 만무했다. 그는 모든 스탑(오르간의 음색을 바꾸는 장치-편집자 주)을 다 꺼내고 발로 발판을 밟은 후 건반을 눌렀다. 곧이어 고막을 찢는 듯한 굉음이 방 안에 울려 퍼졌다.

숨죽여 바라보던 사람들이 일제히 웃음을 터트리더니 누군가 이렇게 말하는 소리가 들렸다. "저것 봐, 부인보다 남편 솜씨가 훨씬 낫군 그래." 조나단은 기가 막히면서도 너무 우스운 나머지 하마터면 오르간 의자에서 떨어질 뻔했다.

그날 밤, 조나단은 너무 지쳐 밥조차 입에 들어가지 않았고 그저 따뜻한 우유 몇 잔만을 들이키고 말았다. 구경꾼들이 전부 자리를 뜨고 나자 그들을 안내했던 모든 사람들이 목이 쉬고 파김치가 되었다. 그날 하루 조나단의 집을 다녀간 사람들은 자그마치 남자가 만 8천명에 여자가 5백 명에 이르렀던 것이다!

물론 그날이 하루 구경꾼의 숫자가 최고 기록을 낸 날이었지만 다른 날들도 역시 바쁘기는 마찬가지였다. 창더에 관리 시험을 보러 온 수험생들이 방문했을 때 조나단은 그 청년들에게 적이 실망하는 마음이 생겼다. 시험을 통과한 사람은 정부 관리로 취직을 할 수 있었고 성적이 좋을 경우 지방의 최고관리도 될 수 있었다. 관리 시험을 볼 정도의 교육을 받은 사람이라면 대개는 상류층 자녀들이었는데, 그런 청년들이 외국인들을 깔보고 버릇없이 굴기 일쑤였다. 조나단의 집에 찾아온 청년들은 조나단이 설교를 하려고 하면 큰 소리로 웃고 떠들어댔다. 그들의 무례한 행동을 참다못한 조나단이 한 가지 꾀를 내었다. 그는 사람을 상하이에 보내 특별한 물건을 사오라고 부탁했다. 며칠 후 조나단이 건네받은 상자에는 큰 지구본과 지도 몇 장, 천문학 도표가 있었다. 마침내 만반의 준비를 마친 조나단은 다음 관리 시험이 시작되기만을 기다렸다.

드디어 장난기 어린 첫 번째 무리의 수험생들이 도착하자, 조나단은 왕푸린에게 눈짓을 하여 다른 손님들을 맞이하라고 시키고, 자신은 수험생들을 모아 서재로 갔다. 서재에는 일부러 눈에 잘 띄도록 책상 한가운데 지구본을 놓아두었다. 청년들이 희한하다는 듯 지구본을 쳐다보는 모습을 조나단은 주의 깊게 지켜보았다.

"이 둥그런 건 대체 무엇인가요?" 한 청년의 물음에 조나단은 짐짓 대수롭지 않은 듯 대꾸했다. "아, 그거 말인가요? 그저 지구의 모형을 본떠서 작게 만들어 놓은 것입니다."

옆에 서 있던 청년이 어이없다는 듯 이렇게 내뱉었다. "에이 말도 안 돼! 지구가 종잇장처럼 평평하다는 걸 모르는 바보가 어디 있어?"

"맞아. 지구가 공처럼 둥글다니, 그럼 우리가 평평한 땅에

서 있지 않고 휘어진 곳에 매달려 있기라도 한단 말인가?"

조나단이 그의 말을 받았다. "아니, 그렇게 지레짐작하지 말아요. 지구가 공처럼 둥글다는 사실을 어떻게 알게 되었는지, 그리고 어떻게 지구가 자전을 하면서 태양 주위를 도는지 설명해 주겠습니다."

그러자 또 한 청년이 코웃음을 쳤다. "흥! 살다 보니 별 우스운 소리를 다 듣겠군. 지구가 돌고 있다니 그럼 우리는 예전에 떨어져 나갔게?"

청년들이 일제히 웃음을 터뜨렸지만, 조나단은 소란이 그치기를 기다렸다가 그들에게 중력과 태양계 행성들의 회전 운동에 관해 설명했다.

조나단의 설명을 어느 정도 이해하게 되자 청년들은 농담을 그치고 잠잠히 그의 말에 귀를 기울이기 시작했다. 생전 처음 서양 과학에서 말하는 지구의 자전과 공전에 대한 이야기를 들은 청년들은 비상한 관심을 나타내며 더 자세히 설명해 달라고 입을 모았다.

한 시간 동안 과학적 지식을 설명하고 청년들의 질문에 대답한 뒤, 조나단은 하나님에 대해 이야기하기 시작했다. 금박을 입힌 부처상이나 다른 신상들을 섬기는 대신 성경을 읽고 공부하며 깨달은 말씀대로 살 때, 진짜 신이신 하나님을 알 수 있다고 이야기했다.

많은 청년들이 조나단의 말에 깊은 흥미를 느끼고 그 뒤에도 계속 찾아오게 되었다. 오래지 않아 여러 명의 청년들이 하나님을 믿겠다고 결심했다. 그렇게 개종한 청년들은 자신의 마을에 돌아가 복음을 전하는 일꾼들이 되었다. 조나단을 비롯해 선교기지에 있는 모든 사람들의 수고가 열매를 맺어, 창더 지역 곳곳에서 그리스도인들의 모임이 생겨나기 시작했다. 1900년이 되자 정기적으로 만나는 모임들이 50개가 넘었다.

불안해져 가는 정국

그러나 그것이 서양 과학이든 사상이든 종교든 간에, 유구한 역사를 지닌 중국 땅에 서양의 것들이 발을 들여놓는다는 사실을 전혀 달가워하지 않는 사람들이 많았다. 또 당시 중국은 정치적 소요에 휘말리고 있었기에, 중국의 미래는 어둡게만 보였다.

중국인들이 처한 암울한 현실을 생각할 때 조나단의 마음도 무거웠다. 영국을 비롯해서 미국, 독일, 프랑스, 이탈리아, 러시아, 일본 등의 강대국들이 모두 중국을 넘보며 자기나라의 이익만을 챙기려 들었다. 강대국들이 머리를 맞대고 중국 땅을 제멋대로 쪼개어 차지해 버렸다. 다시 말하면 각 나라들이 중국의 특정 지역에서 일어나는 무역 거래를 마음대로 조정함으로써 엄청난 이익을 챙기고 중국인들에게 돌아가는 이익은 거의 없게 된 것이다.

이런 배경에서, 서양 세력에 맞서 중국을 지키자는 명목 하에 의화단이라는 비밀단체가 만들어졌다. 그러나 외국의 세력에 맞서는 방법은 잔인하고 끔찍하기 이를 데 없었다. 의화단은 중국 동부를 다니며 선교사들과 무역 상인들을 죽이고 외국인들이 소유하고 있는 건물들에 불을 질렀다.

1900년 3월에 이르자 시골 지역에서는 점점 더 사태가 심각해졌다. 성벽을 나서면 외국인들을 죽이려고 기다리는 강도들 때문에 여행하기가 극도로 위험해졌다. 창더 시내와 외부를 오고가는 거래가 하나둘씩 끊어졌다. 6월에는 우편물도 더는 오지 않았고, 식품마저 구하기가 힘들어졌다. 설상가상으로 가뭄까지 겹쳐 창더의 절이나 사당에서는 비가 오게 해달라고 간구하는 사람들의 애절한 호소가 밤낮으로 그치지 않았다.

그런 와중에서 조나단 가족은 또 다른 불행을 겪었다. 일곱 살이 된 금발의 플로렌스가 뇌막염에 걸린 것이다. 조나단과 로잘린드는 다시 한 번 사랑하는 딸이 죽어가는 모습을 지켜볼 수밖에 없었다. 결국 플로렌스는 먼저 하늘나라에 간 그레이스 곁에 나란히 묻혔다. 그러나 미처 슬퍼할 겨를도 없었다. 플로렌스가 죽은 뒤 며칠이 지난 1900년 6월 19일, 체푸에 있는 미국 영사가 보낸 연락병이 어둠을 틈타 조용히 선교기지로 들어왔다. 그는 목숨을 걸고 영사가 보낸 편지를 선교사들에게 건네주러 온 것이다.

편지에는 간단히 요점만 적혀 있었다.

> 남부로 대피 바람.
> 북부는 의화군에게 점령당했음.

조나단은 편지에 적힌 6월 2일이라는 날짜를 보고 가슴이 철렁 내려앉았다. 그 편지가 쓰인 후 벌써 3주가 지난 것이다! 그렇다면 남부로 가는 길이 지금까지 안전한지, 아니면 이제 다른 방향으로 도망가야 하는지 알 길이 없었다. 조나단은 그 자리에 주저앉아 무릎을 꿇고 기도했다. 아내와 어린 자녀들의 생명은 이제 자신이 어디로 가기를 결정하느냐에 달려 있었다.

Chapter 6

목숨을 건 피난길

"쳉씨 부인이 그러는데, 오늘 공식 특사가 허난성 고위관리에게 뭔가 전갈을 하러 가는 길에 여기 창더를 지나갔다고 하는군요. 혹시 당신은 무슨 말을 듣지 못하셨어요?" 로잘린드가 남편에게 낮은 소리로 속삭였다.

책들을 열심히 짐 상자에 집어넣던 조나단이 일손을 멈추고 로잘린드를 바라보았다. "아니, 난 못 들었는데요. 쳉씨 부인이 또 무슨 말을 하던가요?" 옆방에서 자고 있는 아이들을 깨우지 않기 위해 조나단도 목소리를 낮추었다.

"그 특사의 모자에는 불에 탄 깃털이 꽂혀 있고 서태후의 문장을 달고 있다고 했어요."

"불에 탄 깃털이라고요?" 순간 조나단의 얼굴에서 핏기가 가셨다. 그렇다면 그 특사는 그들의 생사를 판가름하는 매우 중대한 연락을 하러 가는 길이 분명했다. 지금 시골 지역에서 일어나는 폭동을 생각할 때 영락없이 나쁜 소식인 것이 분명했다. 특히 가장 가능성 있어 보이는 추측은, 서태후가 허난성의 관리에게 명령을 내려 허난성에 사는 모든 외국인들을 붙잡아 죽이라고 하지 않을까 하는 것이다.

불에 탄 깃털을 지닌 특사가 전달할 불길한 소식을 곰곰 생각해 보던 조나단이 이윽고 조용히 입을 열었다. "성경에 보면 하나님께서 우리를 목자가 양을 인도하듯이 인도하실 것이라고 말씀하셨어요. 로잘린드, 지금으로서는 그것만이 단 하나의 희망이에요. 지금 이 마당에서 행여 우리가 실수로 불행을 자초하지 않도록 하나님께 기도합시다."

그날 밤 조나단은 잠이 오지 않았다. 선교기지 마당에는 열 마리 소가 끄는 수레에 침대를 비롯해서 모든 짐들을 실어 두었다. 이리 뒤척 저리 뒤척 하는 중에 자신은 창더의 그리스도인들과 함께 이곳에 남고 싶다는 생각도 들었다. 하지만 너무 위험했다. 이곳의 그리스도인들까지도 조나단에게 이렇게 경고하지 않았던가! "선교사님, 빨리 떠나십시오! 저희에게 하나님의 말씀을 전해 주셨으니 선교사님의 할 일은 다 하신 겁니다. 우리는 어떤 어려움이 와도 견딜 테니, 선교사님은 가족들을 데리고 떠날 수 있을 때 어서 가십시오. 그나마 저희는 폭도들이 살려 줄 가능성이라도 있지만, 선교사님 가족은 분명히 죽일 겁니다."

체푸에 있는 미국 영사의 경고를 받은 뒤부터 조나단은 가족을 데리고 허난성 남부의 팡쳉이라는 곳으로 가려고 마음먹고 있었다. 그리고 팡쳉에서 배를 하나 세내어 가족과 선교기지 사람들을 태우고 열흘 동안 강을 따라 내려가다가 한커우라는 해안지방으로 가는 것이다. 사실은 팡쳉까지 지름길로 가려고 했지만, 아무래도 위험하겠다는 생각이 들어 서쪽으로 돌아가기로 했다. 물론 목적지까지 가려면 소가 끄는 수레로 최소한 2주는 걸리겠지만 그 외에는 다른 방법이 없었다.

피난길에 오르다

마침내 시계가 새벽 4시를 알렸다. 이제부터 길고도 위험한 여행이 시작되는 것이다. 한 시간 반 뒤에 조나단 가족과 아홉 명의 선교사들은 떠날 준비를 마치고 한자리에 모였다.

레슬리 의사, 존 그리피스, 멕켄지와 그의 아들 더글라스, 그리고 쳉씨 부인과 왕푸린도 함께 떠나기로 했다. 떠나는 선교사들에게 작별인사를 하려고 온 많은 그리스도인들이 이른 새벽 어둠 속에서 조용히 그들을 지켜보았다. 마지막 짐을 수레에 올려놓은 조나단은 출발하라는 신호를 보냈다. 맨 앞에서 인도하는 수레에는 왕푸린과 이제 6개월이 된 막내아들 월리스를 품에 안은 로잘린드가 앉아 있었다. 세 살배기 루스는 엄마 옆에 앉아 훌쩍거렸고, 헬렌은 네 번째 수레에 탔다. 몸을 곧추세우고 수레에 앉아 있는 헬렌은 앞으로 닥칠 위험을 감지한 듯 불안한 표정이었다. 반면에 큰아들 폴은 수레 주위를 돌아다니며 아버지를 도와 짐들을 수레 위에 싣는 일을 거들었다.

조나단은 마지막으로 자신의 집과 건물들을 돌아보았다. 수만 명의 중국인들에게 복음을 전했던 마당이 눈에 들어왔다. 청년들에게 지구와 태양계의 신비를 설명하던 서재, 로잘린드와 함께 기도하며 행복한 시간을 함께 했던 부엌, 그리고 나무 밑에 있는 사랑하는 두 딸의 무덤을 차례로 바라보았다. 과연 이곳 창더로 다시 돌아올 수 있을까? 설령 돌아온다고 해도 그리스도인이 한 명이라도 살아남아서 자신을 반겨 줄 수 있을까? 떠나가는 자신들뿐 아니라 남아 있는 그리스도인들 앞에 놓인 핍박과 고난을 생각하자 조나단의 눈에 눈물이 핑 돌았다.

그때 누군가 뒤에서 외치는 음성이 들렸다. "선교사님! 하나님이 모든 발걸음을 인도하시고 안전하게 지켜 주실 겁니다!" 그는 교회에서 봉사하던 호씨였다.

조나단은 소의 고삐를 틀어쥔 다음 아래로 내리쳤다. 수레가 천천히 앞으로 나아가자 조나단은 모여선 사람들에게 마지막으로 손을 흔들었다.

엿새 동안 그들은 느린 속도로 서쪽을 향해 나아갔다. 가는 도중에 여러 번 폭도들을 만나 위협을 받기도 하고, 어떤 마을에서는 "서양 놈들이다! 서양 놈들을 죽여라!"고 고함치는 무리들에 에워싸이기도 했다. 이레째 되는 날, 서양인 기술자들 일행을 만난 조나단은 안도의 한숨을 내쉬었다. 그들 역시 폭도를 피해 피난을 가는 중이었다. 그들은 커다란 마차를 타고 무장한 호위병들을 앞세워 팡쳉으로 가는 길이었고, 팡쳉에서 배를 타고 한커우로 가서 다시 상하이로 가려고 계획하고 있었다. 가는 길이 같았으므로 두 무리의 사람들은 한데 어울려 신치엔이라는 마을에 도착했다.

조나단 일행은 몹시도 지쳐 있었다. 마실 물도 부족했고 뜨겁게 내리쬐는 한낮의 햇볕 때문에 기력도 떨어진 상태였다. 조나단의 수레를 끄는 소들도 마찬가지였다. 며칠간 쉬게 하지 않는다면 더 여행을 계속하기는 무리였다. 반면에 기술자들 일행은 짧은 기간 동안 마차를 타고 훨씬 편안하게 왔기 때문에 지치지 않았고, 가능한 빨리 목적지에 도착해야 하기에 계속 가기로 결정했다. 그래도 선교사 일행을 그 상태로 두고 떠나기가 못내 미안하다며, 그들은 무장한 호위병 한 명을 말과 함께 남겨 두겠다고 했다.

그러나 신치엔 사람들이 무장한 호위병들과 서양인 기술자들 일행이 아침 일찍 떠나는 광경을 주목하고 있었는지, 그들이 떠나자마자 성난 폭도들이 여관 주위로 몰려들었다. 조나단은 루스를 품에 꼭 안고서 밖에서 사람들이 여관 문과 창문에 돌을 던지며 난동을 부리는 소리에 귀를 바짝 기울였다. 참다못한 그리피스 씨가 입을 열었다. "아무래도 여기 이대로 있다간 큰일 나겠습니다. 지금 밖으로 나가면 얼마나 위험한지 모르는 바 아니지만, 다른 방도가 없지 않습니까?"

그러자 수레꾼 한 명이 휘둥그레진 눈으로 물었다. "설마 이 상황에서 우리 보고 소를 몰라는 건 아니겠지유?"

다른 수레꾼도 막무가내였다. "나도 안 갈거요! 저 수레가 내 전 재산이란 말요!"

조나단은 깊은 한숨을 내쉬었다. 돈을 주고 소와 수레를 빌린 것이기 때문에 수레꾼들이 마다하면 한 발짝도 움직일 수가 없었다.

"그럼 당신들의 수레가 부서지거나 소가 죽는 일이 생기면 우리가 모든 손해를 책임지고 배상한다는 계약서를 만들면 어떻겠습니까?" 조나단이 물었다.

그러나 무슨 소리를 해도 수레꾼들은 요지부동으로 수레를 몰고 가려고 하지 않았다. 결국 조나단이 계약서를 만들어서 서명을 하자 그들은 할 수 없다는 듯 소에 고삐를 매었다. 소들은 겨우 하룻밤을 외양간에서 쉬었을 뿐이었다.

수레꾼이 밖으로 나가자 조나단은 《성경의 약속들》이라는 작은 책자를 호주머니에서 꺼냈다. 하나님의 인도와 보호를 약속하는 성경구절들을 조나단이 읽어 내려가는 동안 모든 선교사들이 귀를 기울여 조용히 들었다. 이제 세 살밖에 안된 루스를 포함하여, 모두 앞으로 맞이할 위험에 대해 모르고 있지 않았다. 광쳉까지는 여전히 먼 길이었고, 가는 도중에는 의지할 사람은커녕 아는 사람조차 없었다. 조나단이 성경구절을 읽고 나자 그들은 모두 머리를 숙여 기도했다. 그리고 알 수 없는 평안이 모든 사람의 마음속에 넘쳐흘렀다. 앞으로 무슨 일이 벌어져도 그들의 생명은 하나님의 크신 손 안에 있는 것이다.

극심한 공격을 헤치고

마침내 수레가 준비되었다는 말을 듣고 조나단은 숨을 깊이 들이마셨다. 이제 문을 열고 수레에 올라타야 한다. 조나단은 침착하게 쇠 빗장을 열고 밖으로 걸어 나갔다. 모여 있던 사람들이 주춤거리며 뒤로 물러나더니 길을 내주었다. 조나단의 뒤에는 루스를 안은 쳉씨 부인이 뒤따르고 한 사람씩 그 뒤를 따라 문 밖으로 나왔다. 그들이 모두 수레에 올라타는 동안에는 아무 일도 일어나지 않았다. 수백 명의 사람들이 그들 주위를 에워싸고 있었고 손에 돌을 들고 있는 사람도 많았지만, 어느 누구도 떠나려는 선교사들을 막아서지 않았다. 수레가 덜컹대며 자갈길을 지나 마을을 빠져나가는 동안 기분 나쁜 정적이 흘렀다.

그러나 마을 어귀를 지나려는 순간, 4백여 명의 남자들이 앞길을 막아섰다. 손에는 돌이 가득 든 자루가 들려 있었고 허리에 차고 있는 단도가 햇빛에 반사되어 반짝거렸다. 가슴이 철렁 내려앉은 조나단이 옆에 있는 폴을 바짝 끌어안았다. 드디어 돌들이 소나기처럼 날아오더니 곧이어 더 끔찍한 것들이 날아들었다. 총알이었다. 소 몇 마리가 총에 맞아 그 자리에 풀썩 주저앉았다. 바위 옆에 고꾸라진 소의 등에서 뼈가 으스러지는 소리가 들렸다. 어떤 소는 너무 놀라서 무조건 앞으로 달려가다가 다른 수레를 들이받고 짐 속에 머리가 걸리기도 했다.

이런 상황에서 가만히 있다가는 모두 죽을 판이었다. 조나단은 얼른 수레에서 뛰어내려 양팔을 휘저으며 중국어로 소리 질렀다. "여기 있는 물건을 다 가져가도 좋으니 우리를 죽이지 마시오!"

그러나 오히려 그 말이 불난 집에 부채질하는 꼴이 되었는지, 이번에는 조나단을 향해 돌 세례가 퍼부어졌다. 날아온 돌 한 개가 조나단의 옆 이마를 세게 내리쳤다. 붉은 피가 얼굴을 타고 내려와 옷깃을 적시는 것을 느꼈지만 조나단은 사람들을 말리느라 쉬지 않고 소리 질렀다.

피를 본 폭도들이 더 기세가 등등해져 가까이 달려들었다. 조나단의 목에 묵직한 칼날이 느껴지는 순간 누군가 그의 뒤통수를 강하게 내리쳤다. 반사적으로 그는 왼쪽 팔을 들어 얼른 얼굴을 가렸다. 그러자 폭도의 주동자 중 한 명이 고래고래 소리를 지르다가 칼로 조나단의 왼팔을 찔렀다. 쓰러지지 않으려고 오른팔로 수레를 부여잡고서 조나단은 정신없이 아내와 아이들이 있는 곳을 돌아보았다. 그들은 여전히 수레 위에 앉아 있었다. 잔뜩 겁에 질린 루스가 비명을 지르고, 로잘린드는 비처럼 쏟아지는 돌멩이에 맞을까봐 윌리스의 몸을 베개로 감쌌다. 아내와 아이들을 향해 소리쳐 말을 하려는 순간 뭔가 묵직한 것이 다시 그의 뒤통수를 힘껏 내리쳤다. 그는 두개골이 쪼개지는 듯한 통증을 느끼며 피범벅이 된 채 그 자리에 힘없이 쓰러졌다. 마지막으로 그의 눈에 보인 것은 전속력으로 자신을 향해 달려오는 말발굽이었다. 얼마 후 눈앞의 모든 것이 흐려지고 잠잠해졌다. 의식을 잃은 것이다.

몇 분 후 그는 다시 의식을 되찾았다. 정신이 들자 달려오던 말이 거세게 뛰어오르며 타고 있던 사람이 말에서 곤두박질치는 모습이 눈에 들어왔다. 마구 날뛰는 말 때문에 사람들은 더는 조나단에게 가까이 다가올 수가 없었다. 그때 옆에 서 있던 남자 한 명이 단박에 조나단을 끝장내려는 듯 칼을 들어 올렸다. 그러나 어쩐 일인지 그는 들었던 칼을 다시 내려놓았다. 그리고는 조나단의 귀에 대고 재빨리 속삭였다. "빨리 수레에 있는 가족들을 피신시키시오!"

조나단은 그제야 제정신이 들었다. 얼굴에 흐르는 피를 손으로 문지르며 주위를 돌아보았다. 폭도들이 조나단을 때리고 행패를 부리는 동안 옆에서 구경만 하고 섰던 사람들이 우르르 수레 쪽으로 몰려들고 있었다. 수레에 실은 물건들을 훔쳐갈 속셈이었다. 폭도들은 자신들이 거머쥔 물건들을 다른 사람들이 가로채려는 것을 보자 핏발을 세우며 고함을 질렀다. 그 뒤 얼마 동안 일대 소동이 벌어졌다. 남자들은 칼을 뽑아들고 성난 사자처럼 싸우는가 하면 여자들은 수레에 실린 물건들을 잡아당기고 수레들을 뒤집어엎었다.

그런 혼란을 틈타 조나단은 몸을 비틀거리며 가족들에게 다가가서 소리쳤다. "어서 수레에서 내려요! 빨리 여기를 빠져나가야 해!"

로잘린드는 피로 범벅이 된 남편의 모습을 보고 어쩔 줄 모르다가, 베개로 덮은 월리스를 품에 안고서 수레에서 뛰어내렸다. 다른 아이들도 얼른 수레에서 내려 사람들을 밀치고 앞으로 나가는 로잘린드의 뒤를 따랐다.

"루스, 루스!" 조나단은 귀에 아내의 외침소리가 들려왔다. "여보! 쳉씨 부인이 루스를 데리고 있었는데 둘 다 보이지가 않아요!"

"할 수 없어요! 지금 돌아갈 수는 없어! 루스는 쳉씨 부인이 안전하게 데리고 있을 거예요. 우리는 어서 여기를 빠져나가야 해요!"

로잘린드는 몸을 돌려 계속 앞으로 밀고 나갔고, 겁에 질려 말도 못하는 헬렌은 어머니의 치맛자락을 잡고서 따라갔다. 몇 명의 남자들이 도망가는 조나단 가족을 뒤쫓아 오며 돌을 던지고 야유를 퍼부었다. 이제 조나단은 걸음을 옮기는 것조차 버거웠다. 너무 어지러운 나머지 아내와 아이들은 도망가게 놔두고 그저 바닥에 누워 버리고 싶었다. 그때, 마치 막다른 곳에 몰린 어미 고양이가 본능적으로 새끼들을 지키려는 것처럼 로잘린드가 갑자기 몸을 돌리더니, 눈을 부릅뜨고서 따라오는 폭도들을 노려보았다. 로잘린드는 윌리스를 조나단의 품에 안겨 준 후, 그들을 똑바로 마주보며 소리쳤다. "죽이고 싶다면 나를 죽이세요! 하지만 아이들은 살려 주세요! 이 어린 아이들이 무슨 잘못이 있습니까?"

그러자 놀랍게도 폭도들이 돌멩이를 던지던 손을 멈추고 로잘린드의 말에 귀를 기울였다. 서양 귀신이 자기들의 말을 한다는 사실에 무척이나 놀라는 표정이었다. 그들이 자기들끼리 언성을 높이며 말다툼을 하는 동안 조나단은 다리에 힘을 잃고 풀썩 그 자리에 주저앉았다. 머리가 욱신욱신 쑤시고, 이마와 뒤통수에서는 계속 피가 흘러나왔다.

한없이 길게 느껴지는 얼마간의 시간이 지나고, 웅성거리던 폭도들 중 한 명이 소리치는 소리가 들렸다. "남편을 처치했으니 저 여자는 그냥 놔 두자구!" 그러자 선교사들의 물건을 하나라도 더 건지려는 듯 모였던 폭도들이 일제히 그 자리를 떠났다.

"여보, 어서 일어나요! 저기 있는 마을까지 걸어가야 해요. 그곳 사람들은 혹시 우리를 도와줄지 모르잖아요?" 주저앉은 조나단 곁에 다급히 다가온 로잘린드가 말했다.

간신히 몸을 일으킨 조나단은 로잘린드의 부축을 받으며 정신을 잃지 않으려고 온 신경을 모으면서 한 걸음씩 발을 떼었다. 손에 돌을 든 사람들이 마을 어귀로 몰려왔지만 조나단은 사람들을 의식할 수조차 없었다. 드디어 마지막 남은 힘마저 사라지고 조나단은 다시 한 번 땅바닥에 쓰러졌다. 이번에는 도저히 몸을 일으킬 수가 없었다. 조나단은 로잘린드가 자신의 손을 잡는 것을 느꼈다. 무릎을 꿇고 자신을 들여다보는 로잘린드의 얼굴에서 두 줄기 눈물이 떨어져 조나단의 피와 섞여 흘러내렸다. 폴과 헬렌이 두려움과 슬픔에 큰소리로 우는 소리가 들렸다. 마침내 조나단은 완전히 의식을 잃었다.

조나단이 다시 의식을 되찾고 보니 벽돌로 지은 어느 방의 짚더미 위에 누워 있었다. 조그만 창문 하나만 나 있는 작은 방이었다. 로잘린드의 음성을 듣고 나서야 조나단은 깊은 안도의 숨을 내쉬었다.

"그래도 이만하기가 천만 다행이에요, 여보."

"여기가 어디인가요?" 들릴락 말락 한 모기 소리로 조나단이 물었다. 로잘린드가 손으로 부드럽게 자신의 가슴을 누르는 것이 느껴졌다.

"일어나지 마세요. 어떤 남자가 당신의 상처에 회색 가루약을 발라 주었어요. 출혈은 멈추었는데, 아직 붕대로 싸매지는 못했어요."

조나단은 아내의 얼굴을 쳐다보았다. 로잘린드의 얼굴은 통통 붓고 피가 맺혀 있어 알아보기조차 힘들 정도였다.

"오, 여보! 당신 괜찮아요? 아이들은? 루스는 찾았나요?"

"아니요 아직…. 하지만 하나님이 지켜 주시겠죠."

"어떻게 우리가 여기에 온 거지요?"

"사실은 기적이에요. 당신이 쓰러지고 나서 다른 마을 사람들이 무슨 난리인지 보려고 왔었는데, 아주머니들이 우리가 불쌍했던지 몇몇 남자들에게 부탁해서 우리를 안전한 마을 담장 안으로 데려가 달라고 했어요. 이 집은 진흙으로 지은 오두막인데 안전한 곳이라 우리를 일부러 여기에 넣어 준 거예요. 그리고는 저 창문으로 우리에게 따뜻한 물도 주고 마른 빵과 죽도 주었어요. 입맛이 없는지 아무도 손을 안 대긴 하지만…."

그날 하루 종일 조나단과 로잘린드는 서로 간호하며 아이들을 따뜻하게 위로해 주었다. 그리고 다른 선교사들도 무사히 폭도들 사이를 빠져나가고 쳉씨 부인과 루스 또한 무사하기를 기도했다. 아울러 한시라도 빨리 이 곤경을 헤치고 나가게 해달라고 기도했다.

다음 날 오두막의 문이 삐걱하며 열렸다. 밖에서 들어오는 눈부신 햇살을 뒤로 하고 서 있는 사람은 바로 멕켄지였다. 조나단이 아직 살아 있는 것을 본 멕켄지는 곧장 그에게 달려와 울먹이기 시작했다. 한동안 말없이 울먹이던 멕켄지가 드디어 입을 열었다. "선교사님 살아 계셨군요. 하나님, 감사합니다!"

조나단은 팔꿈치로 지탱하며 몸을 약간 일으켰다. 목 주변에 찌르는 듯한 통증이 느껴졌다. "다른 사람들은 모두 무사합니까?" 조나단이 근심스런 목소리로 덧붙였다. "혹시 우리 루스가 어디 있는지 아무 소식도 못 들으셨나요?"

멕켄지의 입가에 엷은 웃음이 돌았다. "루스는 무사합니다. 모두 용감한 쳉씨 부인 덕이죠. 폭도들이 루스에게 행패를 부리려고 하자 얼른 쳉씨 부인이 루스를 바닥에 눕히고 자신의 몸으로 덮어서 돌에 맞거나 붙들리지 않도록 해주었다는군요."

"세상에! 정말 고맙기도 하지…!" 로잘린드의 통통 부은 얼굴에서 눈물이 흘러내렸다.

"그럼 다른 사람들은 어떻게 되었나요?"

"다들 살아 있지만 레슬리 의사가 좀 심하게 다쳤습니다. 모두 밖에서 수레를 타고 기다리고 있어요. 저는 선교사님을 찾아서 함께 가려고 왔습니다."

조나단이 고개를 약간 끄덕였다. "그러죠. 이제 떠나야 할 때입니다."

"하지만 여보…." 몸을 일으키는 조나단을 바라보며 로잘린드는 미처 말을 맺지 못했다.

멕켄지가 조나단을 부축해서 일어나도록 도와주었다. 조나단은 어지러움이 가실 때까지 한동안 벽에 기대어 서 있어야 했다. 로잘린드가 아이들과 함께 자리에서 일어나자 멕켄지가 오두막의 문을 열었다.

비틀거리는 걸음으로 앞으로 걸어가는 동안 머리는 찌르는 듯 쑤셨고, 상처가 다시 터져 피가 흘러나왔다. 로잘린드가 팔로 조나단을 부축하려 했지만 그는 아내의 손을 살며시 밀어내었다. "아이들을 봐 주어요." 그의 목소리는 너무 약해서 겨우 알아들을 수 있을 정도였다. "나에게 아직도 할 일이 남아 있다면 하나님이 힘을 주셔서 그 일을 하게 해달라고 기도해 주어요."

오두막 밖에는 꽤 많은 사람이 모여 있었다. 하루 전에 만난 그 성난 폭도들이 아니라 조용히 그들을 바라보는 마을 사람들이었다. 어떤 여인들이 들고 있던 더러운 옷 몇 벌을 지나가는 선교사들에게 내밀었다. "이거 받으세요. 변변치는 않지만 이것밖에는 줄 게 없네요. 밤이 되면 아이들이 추워서 떨 텐데, 덮어 줄 것도 제대로 없잖아요."

한 할아버지가 얼른 자신이 신고 있던 신발을 벗어 로잘린드에게 내주었다. "이거 신어요. 세상에, 거친 돌길을 어떻게 맨발로 걸어가려고 그러우…."

이 사람들은 왜 그토록 서양인들에게 친절한지 알다가도 모를 일이었다. 멕켄지도 똑같은 생각을 하고 있었던지 사람들을 바라보며 물었다. "왜 저희에게 이렇게 잘해 주시는 겁니까?"

그러자 로잘린드에게 신발을 주었던 노인이 대답했다. "우리는 이슬람교 신자입니다. 당신들을 죽이는 데 동참한다면 나중에 어떻게 신의 얼굴을 뵐 수 있겠습니까?"

비틀거리며 마을을 빠져나가는 조나단은 다른 마을 사람들도 이렇듯 동정을 베풀면 좋겠다는 소망을 품어 보았지만, 어쩐지 지금보다 더한 위험이 기다리고 있을지 모른다는 예감을 떨칠 수가 없었다. 마을 밖에서 선교사들이 기다리고 있었다. 수레에 실려 있던 그들의 소지품과 물건들은 이미 중국인들에게 다 빼앗기고 하나도 남지 않았다. 그중 한 수레에 루스와 쳉씨 부인이 타고 있었다. 모두 무사히 살아 있어 기뻤지만 그것으로 모든 어려움이 끝난 것이 아니었다.

조나단은 레슬리 의사가 타고 있는 수레에 올라 한쪽에 기댄 채 고통에 찬 신음소리를 냈다. 레슬리 의사가 조나단의 귀에 대고 속삭였다. "사람들이 우리의 물건들을 전부 다 빼앗아 갔네. 진료가방하고 소독약까지 말이야. 어디 가서 약들을 구해야 할 텐데…. 그렇지 않으면 상처들이 덧나서 괴저병에 걸릴지도 몰라."

기진맥진한 조나단은 대답할 기운조차 없어 말없이 수레에 등을 기대었다.

수레를 끄는 소들이 한 마리씩 앞으로 걸어 나가자 모여섰던 마을 사람들이 선교사들을 향해 "안녕히 가세요! 목적지까지 신의 가호가 함께하기를!"라고 인사했다.

계속되는 위험

선교사들을 태운 수레들은 넓은 수수밭을 지나 난양푸라고 하는 마을로 들어섰다. 마을 어귀에 들어서자마자 수많은 사람이 몰려나왔다. 마치 모든 중국인들이 중국 땅이 소용돌이에 휘말린 것에 대한 책임을 외국인들에게 돌리려고 혈안이 되어 있는 것 같았다. "죽여라, 죽여! 저 외국인 개새끼들을 죽여!" 적의에 찬 고함소리가 사방에 울려 퍼졌다.

선교사들의 수레가 마을 성문 입구에 도착할 즈음, 사람들의 광기는 극에 달해 그들은 손에 잡히는 대로 벽돌과 돌들을 마구 집어던졌다.

그 와중에 멕켄지가 다급하게 소리쳤다. "자, 빨리 아무 여관이나 들어가서 피합시다! 이 사람들은 우리를 죽이고도 남을 겁니다!"

멕켄지는 소를 가장 가까이에 보이는 여관으로 몰아갔다. 뒤에서는 수백 명의 사람들이 몰려들어 성문을 닫기가 불가능할 정도였다. 선교사들은 아무 말도 하지 않고 재빨리 서로 도와 여관 안에 들어간 뒤 안에서 대문을 잠갔다.

"이리 나오지 못해, 이 개새끼들아!" 그러나 문 밖에서는 여전히 사람들이 소리를 질러댔다. 한 시간이 지나도 고함소리가 그칠 기미를 보이지 않자, 그들이 문을 부수고 들어와 해치기 전에 아무래도 밖에 나가 달래는 게 낫겠다는 생각이 들었다.

레슬리 의사가 선교사들을 바라보며 한 가지 의견을 제시

했다. "우리가 문을 열고 밖으로 나가면 그 사이 수레 한 대가 뒷문으로 해서 빠져나가는 겁니다. 그리고 마을 읍장을 만나 우리가 이 마을을 무사히 지나갈 수 있도록 도와달라고 간청해 보면 어떻겠습니까?"

그럴듯한 의견이라는 생각이 들어 모두 찬성했고, 선교사들이 군중들을 만나 이야기하는 동안 뒷문으로 빠져나갈 수레꾼 한 명을 선정했다. 선교사들은 문을 열고서 한 명씩 베란다를 따라 밖으로 나가, 등을 벽에 기대고 사람들을 마주 보며 섰다. 모여 선 군중들 사이에서 다시 욕지거리가 튀어나왔지만 어느 누구도 막상 덤벼들지는 않았다. 조나단과 그의 가족들도 다른 선교사들과 함께 나란히 서서 해가 질 때까지 군중을 바라보며 서 있었다. 참으로 희한한 일이었다. 그토록 선교사들을 죽이려고 기를 쓰던 사람들이 막상 눈앞에 그들이 나타나자 아무도 앞장서서 공격하려고 하지 않았다. 해가 지고 주위가 어둑어둑해지면서 모여 섰던 사람들도 하나둘 떠나고, 선교사들은 다시 여관 안으로 들어왔다. 조나단은 여관 마룻바닥에 풀썩 쓰러졌다. 그렇게 오랫동안 서 있었던 것조차 몸이 견딜 수 있는 한계를 넘어선 상태였다.

한 시간여 만에 뒷문으로 빠져나갔던 수레꾼이 다시 뒷문을 통해 살그머니 다시 여관 안으로 들어섰다. 모든 사람들의 눈동자가 돌아온 수레꾼에게 향했다.

"어떻게 되었소? 읍장이 도와주겠다고 합디까?" 맥켄지가 궁금하다는 듯이 물었다.

수레꾼이 침울한 표정으로 고개를 가로저었다. "그러면 얼마나 좋겠습니까요? 읍장은 만나지도 못했구요, 선교사님들의 편지는 군졸들이 읍장에게 전달해 주겠다고는 했습니다요. 그런데 마당에서 답변을 기다리는 동안 군졸들이 하는 말을 엿들었는뎁쇼…." 수레꾼은 잠시 말을 멈추고 난처한 표정으로 어린아이들을 힐끗 쳐다보았다. 어른들이 말하는 동안 아이들은 나가서 놀고 있으라고 말하고 싶은 마음이 굴뚝같았지만, 지금은 꼼짝없이 여관방에 갇힌 신세이니 아이들과 함께 그가 하는 말을 듣는 수밖에 없었다.

"군졸들이 그러는데 읍장이 편지를 읽자마자 꽤 많은 병사들을 풀어서 서쪽으로 통하는 길목에 배치시키라고 지시했다는 겁니다요. 우리가 아침 일찍 그곳을 지나갈 때 우리 모두를 감쪽같이 죽이고서 마치 강도들이 그런 것처럼 위장하려고 하는 것입죠."

로잘린드가 그의 말을 받아 되물었다. "하지만 우리가 그 길을 지나갈지 어떻게 알고 그러는 거죠? 더구나 우리가 언제 여기를 떠날지도 모르잖아요?"

"맞습니다. 하지만 읍장은 아주 교활한 사람입니다요. 군졸 몇 명을 보내서 우리를 보호하는 것처럼 꾸민 다음 병사들이 잠복해 있는 길로 우리를 데려가려고 하는 겁지요."

그 말에 모두 할 말을 잃고 멍하나 서로 얼굴을 바라보았다. 도대체 어떻게 되려는 것일까? 이제 더는 빠져나갈 구멍이 없는 걸까? 읍장이 보낸 군졸들과 함께 가지 않는다면 이 마을에서 한 발짝도 벗어날 수 없을 것이고, 그렇다고 군졸들과 함께 간다면 그 길은 분명 죽음의 길이 될 것이다.

아무런 방책도 떠올리지 못한 채 절망만이 가득한 분위기 속에서 수레꾼이 말문을 열었다. "제 수레가 어떻게 되든 상관없습니다요. 전 무조건 여기를 떠날랍니다. 내일 아침 전까지 선교사님들은 모두 죽은 목숨이나 다름없는데 저도 따라 죽을 수는 없는 노릇입죠. 그렇지만 창더로 돌아가면 선교사님 친구들에게 상황을 알리겠습니다요." 이 말과 함께 그는 급한 작별인사를 남기고 부리나케 떠나 버렸다.

"이제 우리는 어떻게 해야 합니까?" 레슬리 의사의 물음에 조나단은 "별 수가 없습니다. 그저 하나님의 돌보심에 의지해서 앞으로 나아가는 수밖에요."라고 대답했다.

다음 날 아침 일찍 군졸들 몇 명이 여관에 들어왔지만 선교사들은 담담한 표정으로 그들을 맞이했다. "우리는 당신들을 마을 밖까지 안전하게 호송해 주려고 왔소. 자, 빨리 서두르시오. 동이 트기 전에 떠나야 하오. 어서 수레를 준비시키시오."

조나단과 레슬리 의사는 첫 번째 수레가 준비를 마치도록 도와주고, 군졸들은 어서 임무를 끝내고 싶다는 듯 수레꾼에게 최대한 속력을 내어 수레를 몰라고 다그쳤다.

자갈길을 덜컹거리며 지나 성문에 이르렀을 때 맥켄지 부인이 첫 번째 수레로 달려 와서 숨찬 목소리로 물었다. "그리피스 씨가 여기 탔나요?"

조나단은 몸을 일으켜 앉으면서 주위를 돌아보는데 로잘린드가 대답하는 소리가 들렸다. "아뇨. 저는 부인이 타고 있는 수레에 맥켄지 씨와 폴이 함께 탄 줄로 알고 있었는데요."

맥켄지 부인이 한층 높아진 음성으로 되물었다. "폴이라니요? 저는 여관을 떠난 이후에 폴은 보지도 못했는데요."

순간, 로잘린드의 얼굴이 파랗게 질렸다. "뭐라구요! 그럼, 폴하고 그리피스 씨가 함께 오지 않았다는 말인가요?"

엄마 옆에 앉아 있던 루스마저 훌쩍거리기 시작했다. "엄마, 우리 다시 돌아가면 안 돼요? 여기는 너무 어둡고 무섭단 말이에요."

"조용히 하렴, 루스! 지금 우리는 폴과 그리피스 씨를 찾아야 해." 로잘린드가 루스를 타일렀다.

얼마 있어 수레들이 하나씩 멈추어 섰다. 선교사들이 군졸들의 보호 아래 기다리는 동안 중국인 사역자들이 폴과 그리피스를 찾아보기로 했다. 조나단은 수레에 누워 이제 아홉 살이 된 아들 폴을 위해 기도하기 시작했다. 제발 폴이 그리피스 씨와 함께 무사하기만을 바랐지만, 두 사람이 어떻게 되었는지는 오리무중이었다.

어느덧 어둠이 걷히고 동이 텄으나 여전히 두 사람의 행방은 묘연하기만 했다. 아무도 소리 내어 말할 용기는 없었지만 한 가지 질문이 모든 사람의 생각 속에 맴돌았다. 폴과 그리피스 씨를 남겨둔 채 이대로 떠나야 한단 말인가? 부모로써 다른 사람들의 안전을 위해 아들을 살기등등한 사람들 속에 남겨두고 떠나기란 뼈를 깎기보다 더한 고통이었다. 그러나 다른 도리가 없었다. 어쨌든 빨리 결정을 내려야만 할 상황이었다.

조나단은 수레에 누워서 자고 있는 군졸들이 깨지 않도록 목소리를 낮추어 로잘린드에게 말했다. "갑시다. 맨 끝에 있는 수레꾼에게 남아서 기다리라고 해요. 지금으로서는 그것밖에 할 수 있는 일이 없어요. 계속 가야만 하니까."

하나님의 보호하심

무거운 마음을 안고 선교사들은 다시 길을 재촉했다. 길을 가는 동안 밤이 깊어 갔고, 수레에 올라탄 군졸들은 전부 잠들어 버렸다. 아침이 되어 갈림길에 도달했을 무렵에는 수레꾼들마저도 어느 방향으로 가야 할지를 알지 못한 채 꾸벅꾸벅 졸고 있었다. 첫 번째 소는 아무 길이나 제 좋을 대로 선택해서 오른쪽 길로 들어섰고, 다른 소들도 모두 그 뒤를 따라갔다.

한 시간쯤 지나 햇볕이 따가워질 무렵, 군졸 한 명이 잠에서 깨어났다. 그는 눈을 비비며 수레꾼에게 "어디가 어디야?"라고 물었지만, 수레꾼은 멍한 표정으로 "모르겠는뎁쇼. 꽤나 멀리 온 것 같은데…."라고만 대꾸했다. 주변을 한동안 둘러보던 그는 기가 차다는 듯이 소리쳤다. "이거, 전혀 엉뚱한 데로 왔잖아!"

그는 곧바로 옆에서 자고 있는 다른 군졸들을 발로 걷어차 깨웠다. 이내 군졸들은 서로 잠든 탓을 남에게 돌리며 옥신각신 입씨름을 벌였다.

"저 바보들이 엉뚱한 길로 들어섰어." 대장 격으로 보이는 군졸이 절망적인 표정으로 이렇게 내뱉자, 다른 군졸이 심각한 표정으로 그의 말을 받았다.

"우리는 이제 돌아가지도 못해. 상부의 명령을 어긴 거나 마찬가지잖아."

"어떻게 하면 좋지?" 또 다른 군졸이 공포에 질린 눈으로 물었다.

조나단은 수레에 누운 채 속으로 회심의 미소를 지었다. 군졸들이 서로 비방하고 다투는 것을 보면 분명 병사들이 잠복해 있는 길이 아닌 다른 길로 들어섰음이 분명했다.

한동안 주먹질까지 하며 시비가 오간 후, 군졸들은 수레에서 내려 마을 쪽으로 터덜터덜 걸어가기 시작했다. 군졸들이 모두 떠나고 나자 이제 선교사들을 보호할 사람은 기술자들이 남겨 놓은 호위병 한 명밖에 없었다. 그날 오전에도 성난 군중들에 둘러싸이기를 수차례나 되풀이했다. 그들은 선교사들의 물건을 빼앗으려고 했지만, 선교사들은 이미 모든 물건을 도난당하고 난 뒤였기에 그들은 선교사들을 해치지 않고 순순히 보내 주었다.

정오쯤 되어 한 무리의 떼강도들이 울퉁불퉁한 바위산 뒤에서 나타났다. 그들은 순식간에 선교사들이 타고 있는 수레들을 습격하여 수레꾼 한 명의 가슴을 긴 창으로 찔렀다.

이제 조나단은 몸을 일으킬 수조차 없을 정도였다. 강도들 몇 명이 수레로 뛰어올라 누워 있는 조나단을 내려다보더니 "어이, 이리로 와 보시오!"하면서 두목을 불렀다.

곧 누군가 잽싸게 수레로 뛰어올랐다. 헝클어진 머리에 눈매가 매서운 사나이였다. 그러나 조나단이 그에게 힘없는 목소리로 말을 걸자 두목은 퍼붓던 욕지거리를 멈추었다.

로잘린드가 그 순간을 놓칠세라 나지막한 음성으로 말했다. "저어, 우리는 먼 길을 왔습니다. 남자들은 부상을 당해 몸이 성치 않고 아이들은 겁에 질려 있습니다." 모슬렘 마음에서 얻은 더러운 옷을 손에 꼬옥 움켜쥐며 로잘린드는 계속 말을 이었다. "그래도 오는 길에 저희를 친절하게 대해 준 사람들이 있어 얼마나 감사한지 모른답니다. 어느 마을에서는 우리에게 먹을 것도 주고 밤에 추울 때 입으라고 아이들 옷도 챙겨 주었답니다."

로잘린드의 말에 호소력이 있어서인지, 나지막한 음성 때문인지 이유를 정확히 알 수는 없지만, 부상을 입고 신음하는 선교사들을 바라보던 두목의 눈가에 눈물이 맺혔다. 그는 남자들을 향해 "이 놈들은 실컷 당한 것 같으니 그냥 놔두자!"라고 소리쳤다. 그리고는 로잘린드를 향해 제법 진지한 얼굴로 말했다. "이 길은 매우 위험한 길이오. 사실, 이대로 가면 너무 위험하니까 내가 같이 가며 보호해 주겠소." 그는 첫 번째 수레에 뛰어올라 로잘린드와 수레꾼 사이에 앉았다.

그날 하루 종일 강도의 두목은 선교사들과 함께 수레에 타고서, 도중에 만나는 성난 군중들이 선교사들을 붙잡거나 해치려고 할 때마다 막아 주었다. 그의 도움으로 선교사들은 무사히 앞으로 계속 나아갈 수가 있었다. 밤이 되자 두목은 로잘린드에게 이제 자기는 돌아가야 한다고 말했다. 다시 한 번 선교사들은 성으로 둘러싸인 낯선 마을에서 밤을 지새울 피난처를 찾아야 할 형편이었다. 이제 조나단은 의식마저 오락가락했다. 상처를 입은 지 이미 서른 시간이 지났으니 속히 상처를 소독하지 않으면 괴저병에 걸려 목숨을 잃고 말 것이다.

그러나 괴저병에 걸리기 전에 목숨을 앗아갈 일들은 사방에 널려 있었다. 그 마을 사람들이 수레 주변에 모여들어 그들이 성문을 지나는 동안 차츰 언성을 높이더니, 어느새 남자고 여자고 할 것 없이 "외국 놈들을 죽여!"라고 소리쳤다. 심지어 꼬마 아이들까지 돌을 주워 그들에게 던졌다.

조나단이 안간힘을 다해 몸을 일으키고서 절박한 상황을 바라보고만 있는데, 어디선가 "구무쉬!"(고포스 목사라는 뜻)라고 외치는 소리가 들렸다. 누군가 중국어로 그의 이름을 부른 것이다!

"나 여기 있어요!" 조나단은 있는 힘껏 소리를 지르고 눈을 크게 뜨고 주변을 살폈다. 곧 옷을 잘 차려 입은 청년 두 명이 모여 선 사람들을 뚫고 앞으로 나왔다. 그들을 보는 순간 조나단의 눈에는 기쁨의 눈물이 솟구쳤다. 그들은 창더에서 명망 높은 유지의 두 아들이었다. 조나단은 손을 내밀어 그들을 맞이했다.

청년 중 한 명이 수레에 올라 군중을 향해 소리쳤다. "이 사람들은 아주 좋은 외국인들입니다. 제 아버님의 친구 분들로, 창더에 와서 우리 백성들의 유익을 위해 일하는 사람들입니다. 지난 봄 제가 창더에 들렀을 때 이 사람이 저와 저의 아버님을 자기 집으로 초대하여 집 안의 모든 물건들을 구경시켜 주고, 차를 대접해 주며 장시간 이야기를 나누었습니다. 우리도 이 사람들에게 동일한 대접을 해주어야 하지 않겠습니까?"

그 청년들이 마을에서 어떤 위치에 있는지는 몰라도 권세와 영향력이 꽤 컸던지, 그 말이 끝나기가 무섭게 사람들의 태도는 정반대가 되어 하나라도 더 돕지 못해 안달이었다. 사람들은 조나단과 레슬리 의사를 조심스럽게 여관 안으로 데리고 들어가서 따뜻한 마룻바닥에 눕혔다.

로잘린드는 조나단의 목과 왼쪽 팔에 감겨 있던, 피로 엉겨 붙은 붕대를 풀었다. 조나단의 뒷머리에 난 상처를 보는 순간 로잘린드는 자신도 모르게 몸을 움츠렸다. 상처들이 끔찍한 상태임을 조나단도 짐작했지만 현재로서는 물로 상처를 닦아내는 것 외에 할 수 있는 일이 아무것도 없었다.

로잘린드가 미지근한 물로 남편의 팔에 난 상처를 닦고 있을 때 방금 그들을 도와 준 청년 중 한 명이 방안으로 들어왔다. "여기 있는 꾸러미는 이틀 전에 여기를 지나간 기술자들이 선교사님 것이라고 주고 간 것입니다. 그래서 형과 저는 선교사님이 곧 이곳을 지나가시리라는 걸 미리 알고 있었지요." 그는 헝겊으로 싼 작은 꾸러미 한 개를 내밀었다.

"고마워요." 로잘린드는 떨리는 손으로 꾸러미를 풀었다. 그러고는 갈색 약병을 발견하고 기쁨의 환성을 질렀다. "이것 봐요, 여보! 소독약이에요! 오, 하나님 감사합니다. 우리가 소독약이 필요한 것을 그들이 어떻게 알았을까요!"

조나단은 갈라진 입술 사이로 조용히 미소를 지으며 말했다. "물론, 하나님이 알고 계셨기 때문이지요."

레슬리 의사는 조나단 옆에 누운 채로 소독약을 바르는 방법을 차근차근 지시해 주었고, 여관 주인은 깨끗한 헝겊과 붕대를 가져다 주었다. 고함소리도, 난동도, 누군가 밤에 몰래 들어와 협박하리라는 두려움도 없이 하룻밤을 푹 자고 나니 모두 한결 힘이 솟았다.

두 청년이 갓 지은 아침식사와 새로 구운 빵을 들고서 다음 날 아침 일찍 다시 여관으로 찾아왔다. 그들은 함께 아침을 먹으며 이제 어찌해야 할지 의논했다. 어디를 가든 위험하기는 마찬가지였기에, 현재로서는 어떻게 하든 팡쳉으로 가서 그곳에서 배를 타고 한커우로 가는 것만이 살길이라는 결론이 났다. 청년들은 선교사들이 서쪽 길로 온 것이 천만다행이라고 하며, 2주 전에 서태후가 남쪽 지방에 전령을 보내 그곳의 모든 외국인들을 죽이라고 명령했다는 사실을 알려 주었다.

조나단과 로잘린드는 눈이 마주치는 순간 동시에 "아, 그 불에 탄 깃털을 꽂고 있던 특사!"라고 외쳤다.

그들 역시 남부로 갈 뻔했던 사실을 상기하면서 조나단은 온몸에 소름이 돋는 것을 느꼈다. 만약 도중에 서쪽으로 방향을 바꾸지 않았다면 분명 지금쯤 모두 이 세상 사람이 아니었을 것이다.

"선교사님, 지체하지 말고 당장 떠나셔야 합니다. 지금 전국이 떠들썩합니다. 어느 지역으로 가도 결코 안전하지가 않습니다."

그러나 조나단에게는 근심거리가 남아 있었다. "나의 아들과 그리피스 선교사가 어디에 있는지 알지 못한다네." 그 말을 하는 조나단의 눈에서 눈물이 흘렀지만 눈물을 닦을 기력조차 없었다. 그는 두 청년에게 어떻게 해서 아들과 그리피스 선교사와 헤어지게 되었는지 자초지종을 이야기했다.

조나단의 말이 끝나자 두 청년은 서로 얼굴을 마주보다가, "저희 두 사람이 있는 힘껏 그들을 찾아내어 뒤따라 보낼 테니 모쪼록 선교사님 일행은 여기에 머물지 말고 한시바삐 길을 떠나십시오. 너무도 위험합니다." 그리고는 조나단에게 가까이 다가가 그의 귀에 대고 나지막이 속삭였다. "지금으로서는 자녀 한 명을 잃는 것이 모든 자녀를 다 잃는 것보다 현명합니다."

참으로 소름끼치는 상황이었지만, 그의 말대로 이대로 길을 떠나는 것이 가장 현명한 처사임을 인정하지 않을 수가 없었다. 다행히 두 청년은 다음 마을의 읍장에게 선교사 일행을 잘 대우해 달라고 당부하는 편지를 써 보냈고, 자기 마을의 관리에게 선교사 일행과 함께 가도록 설득하여 그날 밤까지 만나는 사람들의 난동을 막아 주도록 부탁했다. 청년들은 선교사들에게 음식이나 덮고 잘 담요를 주지 못해 미안하다고 하며, 음식이나 담요를 가지고 여행하게 되면 사람들을 불러 모으는 격이 되기 때문이라고 설명했다. 가진 것이 적을수록 팡쳉까지 무사히 갈 확률이 높았다.

청년들의 호의에 감사하며, 선교사 일행은 하룻밤을 편히 묵게 해준 그 마을을 떠났다. 그러나 속으로는 앞으로 부딪칠 난관이 걱정이었다.

그런데 오후 4시 무렵, 한 사람이 헐레벌떡 선교사 일행을 향해 뛰어왔다. 조나단과 로잘린드에게 전할 좋은 소식이었다. 폴을 찾았다는 것이다! 선교사들이 떠나려고 했을 때 사람들이 폴을 강제로 붙들어 내렸고, 폴이 끌려가는 것을 본 그리피스 선교사가 그를 구하기 위해 수레에서 뛰어내렸다고 한다. 두 사람은 겨우 사람들 틈을 빠져나가 뒷골목에 숨었으나, 쫓던 사람들을 따돌리고 보니 이미 선교사 일행은 떠나고 없었다는 것이다.

결국 그리피스 선교사와 폴은 자신들을 기다리고 있는 수레를 발견해서 온갖 위험을 무릅 쓰고 열두 시간이 뒤처진 채 일행을 따라나섰다. 아무런 피해도 입지 않고 순조롭게 올 수 있었기에, 만약 모든 일이 잘 된다면 그날 밤 다음 마을에 도착했을 때 만날 수 있을 것이라고 했다. 과연 그날 저녁, 그리피스 선교사와 폴은 기다리던 일행과 만나게 되었다. 작은 상처와 멍 자국이 있기는 했지만 두 사람 모두 건강한 상태였다.

그들이 도착한 마을의 읍장은 청년들이 써 준 편지를 읽고, 마침 그리스도인이었던 자기 아내의 간곡한 부탁까지 있었기에 선교사 일행이 그날 밤을 안전하게 묵도록 배려했을 뿐 아니라, 다음 날에는 완전무장한 병사들을 딸려 보내 신변의 안전을 지켜 주도록 명령했다. 병사들은 팡쳉까지 선교사들을 호송하기로 했다.

어느 정도 안도의 한숨을 내쉬며 길을 재촉했지만 여전히 가는 도중 난폭한 군중들과 돌 세례를 피할 수는 없었다. 이틀이 지난 정오쯤, 그들은 마침내 팡쳉에 도착했다. 이제야 첫 여정이 끝난 셈이었다. 놀랍게도 기술자들 일행은 여관에서 선교사들이 도착하기를 기다리고 있었다. 그들은 몇 개의 배를 빌려 놓고 다음 날 저녁에 떠날 계획을 세워 놓고 있었으며, 선교사들이 도착하기만을 고대하는 중이었다.

캐나다로 돌아가는 길

하룻밤을 무덥고 지저분한 여관에서 보내고 난 뒤에 모두는 기쁜 마음으로 배에 올라 강 하류에 위치한 한커우를 향해 열흘 동안의 여정을 시작했다. 비틀거리며 배에 오른 조나단은 앞으로 무슨 일이 닥치건 간에, 지금 당장 온 가족이 함께 있다는 사실에 감사했다.

배들이 무사히 한커우에 도착했다. 사람들을 피하기 위해 뱃사공들이 일부러 강 중앙으로 배를 저어 갔고, 그들이 외국인이라는 사실을 다른 사람들 눈에 띄지 않도록 주의했기 때문이었다. 그러나 한커우에 도착했을 때는 그곳에서 배를 정박해도 된다는 허가서를 내 주지 않아 계속 상하이로 내려갈 수밖에 없었다. 상하이에 가면 고포스 가족이 캐나다행 증기선을 탈 수 있을 것이다.

상하이에 도착할 무렵에는 모두 오랜 배 여행 때문에 몸이 뻣뻣하고 쑤셔서 견딜 수가 없었다. 그래도 배 안에서 다소나마 쉴 수 있었던 조나단은 시간이 갈수록 몸이 회복되는 것을 느꼈다.

배에서 내려오니 12년 전 그들이 첫발을 디뎠던 상하이 시는 몰라보게 변해 있었다. 중국인과 외국인 할 것 없이 전국에서 몰려든 피난민들이 멍한 표정으로 거리를 돌아다니고 있었고, 부둣가에는 발 디딜 틈도 없이 들어찬 사람들이 중국을 떠나 다른 곳으로 가는 배표를 사고자 아우성을 쳤다. 여자들은 울먹이며 애원을 하고 남자들은 매표소 직원에게 슬쩍 돈을 건네주는가 하면, 아이들은 여행가방 위에 걸터앉아 그러한 난리통을 이해할 수 없다는 듯 멍하니 허공을 바라보고 있었다.

조나단은 곧장 상하이 은행으로 가서 계좌에 있는 돈을 모두 인출하여, 오랜만에 모든 가족이 배부르게 식사를 했다. 어느 빈 집에 살고 있는 가족을 어렵사리 알게 되어, 조나단 가족은 우선 그 집에 머물면서 열흘 후에 캐나다로 떠나는 배편을 예약하기로 했다.

상하이에서 맞이하는 첫날 밤, 아이들이 마룻바닥에서 잠이 들고 난 후 로잘린드가 한숨을 쉬며 조나단에게 말했다. "이제 어떡하죠? 우리 꼴 좀 보세요. 하나같이 누더기에 가까운 옷들을 입고 있으니 이런 모습으로 어떻게 캐나다에 돌아갈까요? 바꿔 입을 옷도 없고, 더구나 당신이 입고 있는 셔츠와 바지는 피범벅이 되어 있잖아요."

조나단은 아내와 잠들어 있는 아이들을 번갈아 바라보았다. 로잘린드의 말이 옳았다. 그들은 거지꼴이나 다름없었다. 하지만 어디에 가서 캐나다 식의 옷을 해 입는단 말인가? 의화단 사건으로 말미암아 상하이에는 서양식 옷을 파는 가게가 거의 문을 닫은 상태였다. 옷감을 사서 여섯 명이 입을 옷을 만들어야 하는데, 앞으로 남은 며칠 동안 재봉틀도 없이 어떻게 그 옷들을 다 만든단 말인가?

다음 날 아침 누군가 방문을 두드리는 소리에 나가 보니 중국 여인 두 명이 서 있었다. 그들은 피난민 명단에서 고포스 가족의 이름을 보았으며, 전에 한 번도 만난 적은 없지만 그들이 선교사라는 것을 들어서 알고 있기에 뭔가 도울 일이 있을까 싶어 찾아왔다고 했다. 그러면서 혹시 자기들이 고포스 가족의 옷을 지어 주면 어떻겠냐고 물었다.

함께 따라 나온 로잘린드는 두 여인의 손을 붙잡고 하염없이 눈물을 흘렸다. 온통 살기등등한 사람들 속에서 두 여인이 보여 준 친절이 너무도 감격스러웠다. 채 일주일이 지나기 전에 조나단의 딸들은 예쁜 외출복과 속옷, 따뜻한 코트를 입게 되었고, 폴도 셔츠와 겉옷, 바지를 갖춰 입게 되었다. 그 와중에서 로잘린드는 너무도 정신이 없어 막내 아기 윌리스를 미처 생각하지 못하고 있었다. 나중에 생각이 났지만 이미 때가 너무 늦은 뒤였다. 낡은 수건과 담요로 아기를 감싸고라도 빨리 배에 타야만 할 시간이었다. 아기용 옷과 모자를 만들 만한 옷감과 바늘은 있었지만, 모든 가족이 선실에 올라타고 짐을 정리하다 보니 너무도 피곤하여 바늘을 들 힘조차 없었다.

1900년 8월 1일, 뱃머리에 올라 멀어져가는 상하이의 불빛을 바라보는 조나단과 로잘린드의 가슴에는 만감이 교차했다. 그토록 사랑하고 정들었던 땅을 우여곡절 끝에 떠나려는 참이었다. 이제 그들이 할 수 있는 일은 평화를 구하는 기도밖에 없었다. 그동안 플로렌스에 대해서도 까맣게 잊고 있었다. 플로렌스가 세상을 떠난 것이 불과 6주 전이었다니! 다시금 그때의 슬픔과 충격이 되살아나는 기분이었다. 조나단은 아내의 어깨를 팔로 감싸 안았고 로잘린드는 남편의 어깨에 머리를 기댔다. 그들은 미래를 함께 맞이해야 했다.

배는 동중국해를 지나 사흘 뒤에는 일본의 요코하마 만에 잠시 정박했다. 조나단과 아이들은 갑판에 올라 작은 배 한 척이 가까이 다가와 필요한 물품들을 옮겨 실어 주는 모습을 구경했다. 한 시간쯤 뒤에 로잘린드가 월리스를 안고 갑판으로 올라왔는데, 월리스는 예쁜 아기용 웃옷과 손으로 짠 스웨터를 입고 있었다.

조나단이 묻기도 전에 로잘린드가 감격에 찬 목소리로 말했다. "오, 여보! 하나님이 우리 아기의 옷까지 마련해 주셨어요. 저 작은 배에 중국내지선교회에서 일하는 에드워즈 선교사 부인이 보낸 소포가 들어 있었는데, 아마 부인도 고국으로 가는 길에 이곳에 잠시 정박했었나 봐요. 하지만 우리가 이 배에 타고 있을 줄 어떻게 알았을까요? 그 소포에는 옷이 잔뜩 들어 있었는데 거의 다 아기 옷들이에요. 크기도 딱 우리 월리스에게 맞고요. 정말 놀랍죠? 우리가 기도했던 그대로 응답이 되었어요!"

조나단이 아내를 바라보며 빙긋이 웃었다. 그런 기쁨을 맛보기도 오랜만이었다.

다시 중국으로 돌아가기만을 기다리다

캐나다에 도착한 고포스 가족은 곧바로 유명 인사가 되었다. 사람들은 고포스 가족이 살아서 무사히 중국을 빠져나올 수 있을지 걱정하고 있었고, 그들이 탈출한 이야기를 들려줄 때는 귀를 바짝 기울였다.

조나단은 중국 관련 소식을 알기 위해 날마다 캐나다 신문을 열심히 읽었다. 신문에 난 기사들은 불길한 소식도 전했지만, 좋은 소식도 있었다. 좋은 소식은 1900년 8월 14일에 의화단 사건이 끝났다는 것이었다. 고포스 가족이 떠난 지 2주 만이었다. 중국을 장악하고 있는 외국 세력들(러시아를 비롯해서 영국, 독일, 프랑스, 일본, 미국 등)이 1만 9천명의 군대를 파견하여 베이징을 탈환했다는 소식이었다. 의화단이나 중국 황실의 군대보다 외국인 군대가 훨씬 조직력이 있었으며 장비와 무기도 우수했다. 의화단 사람들을 조종해서 모든 외국인들을 죽이고 서양 교회와 공장들을 불사르라고 지시한 서태후는 베이징에 거처를 두고 있었는데, 외국인 군대는 며칠 만에 베이징을 장악하여 황실 가족을 북부로 유배시켰다. 마침내 난리가 진정이 되기는 했지만, 아직 선교사들이 돌아갈 만큼 안정된 정국은 아니었다. 의화단 사건으로 숨진 외국인은 모두 250여 명이었고, 그와 함께 중국인 신자들도 수천 명이나 희생되었다.

중국의 문이 다시 열리기를 기다리는 동안 조나단은 캐나다 사람들에게 자신의 가족이 창더를 탈출한 이야기와 함께 중국에 들어갈 선교사들이 더 많이 필요하다는 사실을 역설하고 다녔다.

중국 정부가 외국의 세력들과 신축조약(베이징 의정서라고도 하며, 이 조약을 통해 중국 정부는 8개국 연합군에게 막대한 배상금 지불, 외국 군대의 베이징 주둔, 배외 운동의 적극적인 탄압을 약속함으로써 서구 열강의 통치가 더욱 강화됨 - 편집자 주)을 맺기까지 1년여의 협상 기간이 걸렸다. 신축조약은 중국으로서는 얻는 것이 없고 오직 외국에만 모든 실권을 넘겨주는 조약이었다. 중국 정부는 어마어마한 금액의 배상금을 물어야 했고, 외국들은 더욱 유리한 무역협정을 체결했으며, 해안에 설치한 방어물은 모두 철거되었다.

조나단은 신축조약이 무척이나 마음에 걸렸다. 그것은 평화조약이라고 할 수조차 없는, 몇몇 강대국들이 중국을 제멋대로 휘두르며 원하는 것을 차지하려는 횡포에 불과했다. 중국에 거주하는 외국인들로 인해 불거져 나왔던 실제적인 문제들은 아예 해결조차 되지 않았다. 어쩌면 더 악화되었는지도 몰랐다. 조만간 모든 문제들이 또다시 폭발하고 나면 외국인들은 다시 한 번 증오와 폭력의 표적이 되고 말 것이다. 조나단은 중국에 복음을 전할 시간이 얼마 되지 못할 것임을 확신했다. 의화단 사건은 상당히 충격적인 반란이었고, 몇 개의 문제들이 표면에 드러나기는 했지만 그 문제들이 해결된 것은 아니었다. 조나단이 보기에 모든 것들이 예전대로 돌아가리라고 예상하는 외국의 안이한 태도가 어리석기 짝이 없었다.

중국에서 일어나는 모든 일들을 생각할수록 조나단은 다시 그곳으로 돌아가고 싶은 마음이 용솟음쳤다. 그가 생각하는 대로 중국에서 전도할 시간이 길지 않다면, 하루라도 더 낭비하고 싶지 않았다. 1901년 10월 중순이 되자 중국은 다시 한 번 외국인들에게 문을 열기 시작했고, 조나단은 그중 첫 번째로 중국에 들어오는 외국인이 되었다. 로잘린드와 아이들은 그대로 캐나다에 남았다. 그동안 그들에게는 콘스탄스라는 딸아이가 새로 태어났다. 조나단은 일단 자신이 먼저 중국에 들어가 상황을 살피고 나서 아내와 아이들을 중국으로 오게 하려는 계획을 세웠다.

신실하게 믿음을 지킨 중국 교인들

이윽고 조나단이 창더에 도착해 보니, 교회와 그의 집은 그대로 남아 있었지만 물건들은 모조리 도난을 당해 건물은 텅 비어 있었다. 옛 집을 돌아보며 중국인 신자들이 어떻게 되었을까를 걱정하고 있는데, 누군가 마당으로 뛰어들어오는 발자국 소리가 들렸다. "목사님, 목사님!" 밖에서 외치는 숨찬 목소리에 뒤를 돌아보니, 그곳에는 의화단 사건이 일어나기 전에 교회에서 열심히 봉사하던 호씨가 서 있었다. 두 사람은 반가움에 서로 얼싸안았다.

"호씨! 이렇게 살아서 만나다니, 하나님 감사합니다!"

웃음과 울음이 뒤섞인 채 한동안 기쁨을 감추지 못하던 조나단이 호씨를 향해 말했다.

"우리가 떠난 뒤에 어떤 일이 있었는지 얘기해 봐요."

호씨는 주방 마룻바닥에 주저앉더니 금세 심각한 표정을 지었다. 조나단도 그의 곁에 주저앉았다. "선교사님이 떠나신 후에 저는 교회 안에 남아서 선교사님이 다시 돌아오실 때까지 교회를 지키겠다고 다짐했죠."

"우리가 그러지 말라고 부탁하지 않았어요? 목숨을 바치면서까지 교회를 지키다니요. 건물은 또 지으면 되는 거 아닙니까?"

"예, 압니다. 하지만 도저히 발길이 떨어지질 않았습니다. 이 교회에는 선교사님들에 대한 추억이 가득한 곳이라, 전 이 건물을 지키고 싶었습니다. 그런데 생각대로 되지가 않더군요. 다음 날, 읍장이 사람들을 보내 나를 잡아 법정으로 끌고 갔습니다. 온 마을을 질질 끌려 다니는 동안 몰려온 사람들이 나에게 침을 뱉으며 서양 귀신들을 쫓아다닌 죄로 내 몸을 발기발기 찢어야 한다고 마구 욕을 해댔습니다. 법정에 가서도 밖에서는 여전히 사람들이 아우성을 쳤습니다. 저는 어떤 방에 혼자 남겨졌는데, 창밖으로 모여 있는 사람들이 보이지 않겠습니까? 그래서 '옳다구나, 이것이 기회구나'라는 생각이 들었죠. 한 번에 수천 명에게 전도할 수 있는 절호의 기회 말입니다. 그래서 창문가에 서서 사람들에게 복음을 전했지요."

조나단은 손으로 호씨의 어깨를 토닥였다. "정말 잘했습니다! 사람들이 어떻게 나오던가요?"

"사람들은 한참 제 말을 듣는가 싶더니 다시 욕을 하기 시작했습니다. 내가 '서양의 약물에 중독이 되었느니, 서양 귀신들이 섬기는 하나님을 믿는 걸 창피하게 여겨야 하느니'라고들 떠들었죠. 그래도 전 하나도 겁나지 않았습니다. 하나님이 나와 함께 계시니까요. 얼마 있다 판사 앞에 끌려갔는데, 저보고 왜 서양 귀신들의 하나님을 믿어서 가문과 조국에 먹칠을 하느냐고 묻더군요."

"그래서 뭐라고 대답했습니까?" 조나단은 가방에서 빵 몇 개를 꺼내 호씨에게 건네주며 물었다.

"이렇게 말했죠. '판사님, 저는 서양 귀신들을 따르는 게 아닙니다. 저는 살아 계신 유일한 하나님을 따르는 것입니다. 이 하나님은 우리를 사랑하셔서 자신의 아들을 우리를 위해 죽게 하시고 우리의 죄와 그 대가를 대신 치러 주심으로써 우리를 구원해 주셨습니다. 제가 예전에 섬겼던 신들, 그리고 지금 판사님이 섬기는 신들은 진짜 신이 아닙니다. 제가 진정한 하나님을 믿기 전에는 신상들을 만들어서 파는 일로 먹고살았습죠. 바로 제 두 손으로 그런 신상들을 만들었습니다. 돈을 많이 주면 크게 만들어 주고, 돈이 없는 사람들에게는 작은 신상들을 만들어 주었습니다. 하지만 그게 뭡니까, 결국 그 신상들은 나무 조각에 불과할 뿐입니다. 제 집에도 신상들이 수두룩하지만 그것들은 제 부모를 공경하게 만들지도 못했고 법대로 살도록 착하게 만들지도 못했습니다. 법을 어긴 죄로 제가 이 법정에서 수도 없이 두드려 맞은 것을 판사님도 잘 아실 겁니다. 그런데 하나님을 섬기고 나서부터는 단 한 번도 법을 어겨서 맞은 적이 없지 않습니까?' 하하하…. 선교사님이 그때 판사님의 표정을 한번 보셨어야 하는데 아쉽군요. 무슨 말을 해야 할지 몰라 쩔쩔매는 모습이 역력했습니다. 급기야는 저에게 '돌아가거라. 네 신변의 안전은 내가 지켜 주겠다'라고 하더군요. 그리고는 저를 돌려보내 주었습니다."

"하나님, 감사합니다!" 조나단이 기쁨에 차서 외쳤다. "그럼, 그 이후에는 어떻게 살았나요?"

"살아남기는 했지만 고생이 말이 아니었죠. 선교사님이 교회 사역자들을 위해 은행에 넣어 두신 돈을 은행에서 지불하지 않겠다고 해서, 음식 장사를 해서 가족을 부양했습니다. 하루는 깡패들에게 붙들려 엄지손가락을 묶인 채 나무에 매달려 각목으로 얻어맞기도 했답니다. 그래도 저를 나무에 매달아 놓고 죽게 하지는 않았습니다. 판사가 저의 안전을 보장한다는 사실을 그놈들도 알고 있었거든요."

한동안 두 사람 사이에 침묵이 흐르다가 호씨가 조나단의 눈을 응시하며 다시 말문을 열었다. "제 고생한 것은 충분히 들으셨으니 이제 선교사님과 가족분들에 대한 말씀을 해 주십시오. 여기를 떠나서 어떻게 지내셨습니까? 소문에 듣자 하니 잠복해 있던 병사들에게 모두 죽임을 당했다고 하던데 사실인가요?"

조나단은 16개월 전 그곳을 떠난 이후의 파란만장한 사건들을 호씨에게 털어 놓았다. 이야기를 끝내고 나서 두 사람은 창더에 살고 있는 모든 그리스도인들을 찾아가 보기로 했다. 조나단의 가슴은 다시 한 번 기쁨으로 벅차올랐다. 많은 신자들이 얻어맞고 고문을 당하기는 했지만 모두 무사히 살아 있었고, 역경 속에서 어떻게 하나님이 도우셨는지 입에 침이 마르도록 이야기하느라 정신이 없었다. 초신자들을 포함한 모든 신자들이 고통과 어려움 속에서도 한결같이 굳건하게 신앙을 지켰다.

조나단 가족이 상하이를 떠난 뒤 쳉씨 부인도 무사히 다시 창더로 돌아왔다는 반가운 소식이 들려왔다. 그러나 부인도 고문을 피하지는 못했다고 한다. 호씨처럼 쳉씨 부인도 엄지손가락을 묶여 나무에 매달려 죽도록 얻어맞고 버려졌는데, 해가 지고 나서 불쌍히 여긴 이웃사람들이 몰래 줄을 끊어 주었다는 것이다.

쳉씨 부인의 믿음과 살아남은 이야기를 듣는 동안 조나단의 눈에는 눈물이 고였다. 쳉씨 부인의 충성스러움과 신실함이 놀라울 뿐이었다. 조나단 가족이 달아나던 때 루스의 목숨을 구해 주었을 뿐 아니라, 수없이 많은 죽음의 위험 속에서도 하나님께 대한 믿음이 조금도 흔들리지 않은 굳건한 여인이었다.

교회는 또다시 활기를 띠기 시작했다. 창더의 그리스도인들은 정기적으로 모여 예배와 기도, 성경공부를 함께했고, 새로운 신자들도 많이 생겨났다.

신축조약 중에는 의화단 사건으로 인해 재산을 도난당하거나 건물이 파괴된 외국인들에게 중국 정부가 그 손해를 배상해 준다는 내용이 있었다. 조나단이 창더로 돌아온 직후, 그에게도 정부의 공식문서가 발송되었다. 집이나 교회가 파괴되었거나 도난당한 물건이 있으면 품목과 가격을 자세하게 적어서 보내 달라는 요청이었다. 조나단이 소유했던 물건들은 대부분 캐나다에서 사 온 것들이었기에 조나단은 물건들의 가격을 캐나다 돈으로 환산해서 적었다. 놀랍게도 조나단이 요청한 손해 배상액은 정확하게 우편으로 발송되어 왔다. 다만 문제가 한 가지 있었는데, 그동안 환율에 큰 변동이 생긴 나머지 실제적으로 조나단이 받은 액수는 처음에 기대했던 금액의 두 배에 가까운 액수가 되었다는 점이었다! 어떻게 해야 할지 난처했다. 여분의 돈을 받기가 마음에 걸렸지만, 만약 그 돈을 베이징으로 돌려보낸다면 여지없이 부패한 관리들의 주머니 속에 들어가고 만다는 사실을 너무도 잘 알고 있었다.

한동안 심각하게 고민을 하던 조나단은 여분의 돈은 그동안 온갖 고생을 겪은 중국인 신자들을 위해 쓰기로 마음먹었다. 머릿속에 '평화의 마을'이라는 구상이 떠올랐다. 조나단이 사는 선교기지와 가까운 곳에 화단을 갖춘 여러 개의 작은 오두막을 지어 마을을 형성한다는 계획이었다. 지금까지 선교 사역을 돕는 현지인 학교 선생들, 병원 보조들, 전도자들은 선교사들과 일하기 위해 몇 달씩 가족과 떨어져 지내곤 했다. 평화의 마을이 지어지면 그럴 필요가 없어질 것이다. 현지인 사역자의 가족도 창더로 와서 오두막 유지비 정도만 부담하고 함께 살 수 있을 것이다. 조나단은 쉴 새 없이 마을 짓는 일에 열중하여, 얼마 못 가 첫 번째 가족이 완공된 마을에 이사를 오게 되었다.

1902년 중반이 되어 모든 사역이 순조롭게 진행되어 가자, 이제는 로잘린드와 아이들이 중국에 와도 좋겠다는 생각이 들었다. 조나단은 로잘린드에게 전보를 쳤고, 로잘린드는 곧 7월 1일에 아이들을 데리고 중국으로 떠나겠다는 답신을 보내왔다.

조나단은 뛸 듯이 기뻤다. 그는 가족의 도착에 대비해서 이런 저런 준비로 분주해졌다. 폴과 헬렌을 위해 중국내지선교회에서 운영하는 체푸의 학교에 미리 등록을 하고 온 집안을 대청소했다. 그러나 시간이 갈수록 체력이 점점 약해지는 것이 느껴졌다. 때로는 일시적인 정신착란까지 일으켰다. 의사에게 진단을 받은 결과 조나단의 병명은 장티푸스였다. 당시 장티푸스는 생명을 앗아가기도 하는 무서운 질병이었다. 그러나 한동안 삶과 죽음을 오락가락하며 앓고 난 후 조나단의 몸은 다시 서서히 회복되기 시작했다.

새로운 전도 전략

보통 장티푸스 회복기에는 침대에 누워 지루하게 하루하루를 보내기 마련이건만, 몸은 침대에 누워 있었어도 조나단의 머릿속은 이런저런 생각으로 바쁘기 그지없었다. 한 가지 계획이 그의 생각을 사로잡았다.

조나단이 창더로 돌아온 뒤, 장로교단은 선교 사역을 위해 창더를 세 지역으로 나누었다. 그중에서 북동쪽에서 북서쪽에 이르는 가장 큰 지역을 조나단이 맡았다. 창더에서의 사역은 호씨나 왕메이 같은 유능한 현지인 사역자들이 잘 이

끌어 주고 있었으므로, 조나단의 관심은 다른 광활한 지역으로 뻗어갔다.

그 지역에 제대로 복음을 전하기 위해서는 가족들과 현지인 사역자들을 데리고 한 달씩 큰 마을을 방문하는 길밖에 없어 보였다. 남자들이 마을과 주변의 시골마을을 다니며 전도하는 동안 로잘린드는 마을 여인들을 맞이하여 복음을 전하면 될 것이다. 날이 저물면 누구든지 남녀를 불문하고 관심 있는 사람은 복음에 대해 더 들을 수 있도록 조나단의 집에서 저녁모임을 열 계획이었다. 로잘린드는 캐나다에서 가져온 이동식 오르간을 연주하고, 모두 모임 내내 찬송가를 부르고 간증하는 장면을 머릿속에 상상했다. 그렇게 한 달이 지나면 사역자 중 한 명은 계속 그 마을에 머물면서 새로 신자가 된 사람들을 양육하고, 고포스 일행은 다른 마을로 옮겨 집을 빌리고 또다시 그곳에서 사역을 시작하는 것이다. 그런 식으로 사역하게 되면 일 년에 적어도 열 개의 교회를 세울 수 있을 것이고, 남은 두 달 동안은 그 교회들을 방문하면 될 것이다.

생각할수록 그 계획이 무척이나 마음에 들었다. 주변의 많은 지역들이 아직 복음화되지 않은 상황에서 조나단과 가족이 계속 창더의 선교기지에 머물 이유는 없었다.

한편 중국에 도착한 로잘린드와 아이들은 조나단에게 연락이 오기를 기다리며 톈진에 머물고 있었다. 장티푸스로 앓는 동안 조나단은 로잘린드에게 몇 통의 편지를 띄웠다. 그러나 북경의 우체국에서는 고포스 가족이 모두 창더에 도착했다고 짐작했는지 조나단의 편지들을 계속 창더로 되돌려 보냈다. 편지 겉봉에 적힌 주소가 다름에도, 조나단과 로잘린드가 중국의 각기 다른 지역에서 편지를 주고받는다는 사실을 전혀 눈치 채지 못하는 것 같았다. 그래서 로잘린드가 중국에 도착해서 한 달이 지나도록 받은 연락이라고는 남편 조나단이 장티푸스에 걸렸다는 짧은 전보가 전부였다. 로잘린드로서는 남편이 죽었는지, 살았는지, 혹은 병의 전염성 때문에 아이들을 데리고 더 있다가 오라고 하는 것인지 도무지 알 길이 없었다.

조나단은 가족들이 사무치게 그리웠다. 여행을 할 수 있을 정도로 몸이 회복되자마자 그는 아내와 아이들을 데리고 창더로 돌아오기 위해 2주나 걸려 톈진까지 갔다. 어느덧 가족을 본 지도 열 달이 넘었던 것이다.

고난 중에 드러난 충성

멕켄지가 조나단을 부축해서 일어나도록 도와주었다. 조나단은 어지러움이 가실 때까지 한동안 벽에 기대어 서 있어야 했다. 로잘린드가 아이들과 함께 자리에서 일어나자 멕켄지가 오두막의 문을 열었다.

비틀거리는 걸음으로 앞으로 걸어가는 동안 머리는 찌르는 듯 쑤셨고, 상처가 다시 터져 피가 흘러나왔다. 로잘린드가 팔로 조나단을 부축하려 했지만 그는 아내의 손을 살며시 밀어내었다. "아이들을 봐 주어요." 그의 목소리는 너무 약해서 겨우 알아들을 수 있을 정도였다.

"나에게 아직도 할 일이 남아 있다면 하나님이 힘을 주셔서 그 일을 하게 해달라고 기도해 주어요.". (134쪽)

생명을 위협하는 심각한 부상을 입고 당장 살길도 막막한 순간 조나단의 마음을 사로잡고 있던 것은 자신의 안위나 앞날에 대한 걱정이 아니었다. 의식이 오락가락하는 가운데서도 그의 관심은 하나님이 주신 사명을 이행하는 데에 집중되었다. 우리의 충성이 얼마나 참된 것인지는 어려움이 찾아왔을 때 드러난다. 조나단은 가장 극심한 고통 가운데서도 하나님의 신실하심을 의심하거나 그분을 원망하지 않았다. 오히려 주님을 더 깊이 의지하며, 맡겨 주신 일을 감당할 수 있는 힘을 구했다. 하나님은 지금도 이와 같은 순수한 마음으로 그분을 따르며 온전한 충성을 드리고자 하는 자를 찾으신다.

> "내 눈이 이 땅의 충성된 자를 살펴 나와 함께 살게 하리니 완전한 길에 행하는 자가 나를 따르리로다"(시 101:6).

Chapter 7

행복한 떠돌이 전도자

거의 1년 만에 만난 조나단과 로잘린드, 그리고 아이들의 해후는 온통 기쁨으로 넘쳐났다. 조나단은 로잘린드에게 창더 북부에 있는 넓은 지역을 복음화할 자신의 새로운 계획을 알려 주고 싶어 견딜 수가 없었다. 그러나 일단 아이들이 잠들 때까지 기다린 후 그는 말문을 열었다. "여보, 중국에 있는 동안 우리가 제일 효과적으로 사역할 방안이 떠올랐어요."

"그래요? 그게 뭔지 얘기해 주세요. 어서 듣고 싶어요." 로잘린드는 입가에 웃음을 머금고서 들고 있던 바느질감을 내려놓았다.

그러나 조나단이 구상해 놓은 떠돌이 전도 생활에 대해 듣는 로잘린드의 얼굴은 차츰 혈색을 잃어 갔다. 마침내 로잘린드는 남편의 말을 중도에 가로막았다. "그만 하세요, 여보! 정말로 그렇게 하실 참인가요? 나하고 당신만 있다면 정말 훌륭한 계획이겠지만, 아직도 어린 우리 아이들을 고려해야지요. 우리가 시골 마을을 돌아다니는 동안 이 아이들은 어떻게 하라는 말씀이에요? 폴이나 헬렌처럼 선교사 학교에 보내기에도 아직은 너무 어리잖아요."

아내의 예상치 못한 반응에 깜짝 놀란 조나단은 아내를 안심시키려는 듯 로잘린드의 손을 꼭 잡으며 대답했다. "아이들도 데리고 가면 되지요. 분명히 문제없을 거예요."

로잘린드의 얼굴에서는 급기야 눈물이 흘러내렸다. "우리는 이미 네 명의 아이들을 중국 땅에 묻었어요. 여보, 저는 이 아이들을 데리고 도저히 시골 마을을 떠돌아다닐 수 없어요. 시골의 상황이 어떤지 당신도 잘 아시잖아요. 천연두, 이질, 장티푸스 같은 병을 옮기는 병균들이 곳곳에 우글거리는데요! 만약 아이들이 얼마 전에 당신이 걸렸던 장티푸스에 걸렸다면 벌써 죽었을지도 몰라요. 전 절대로 당신 말에 따를 수 없어요. 조나단, 콘스탄스는 아직 돌도 지나지 않았어요! 다른 일은 그 어떤 것이라도 다 하겠어요. 하지만 아이들의 생명이 위험해지는 일은 제발 하라고 하지 마세요!"

울먹이는 로잘린드를 바라보며 조나단이 부드럽게 말했다. "여보, 이건 하나님께서 인도하시는 길이에요. 그러니 분명 우리 아이들도 안전하게 지켜 주실 겁니다. 우리 아이들에게 가장 안전한 길은 선교의 의무를 다하는 길이에요."

"어찌됐건 간에 저와 아이들은 당신과 함께 다니지 않을 테니 그런 줄 아세요. 또다시 아이가 죽는 것은 절대로 보고 싶지 않아요. 더는 저에게 강요하지 마세요."

조나단은 무엇을 어떻게 해야 할지 알 수 없었다. 이건 분명 전혀 예상치 못한 반응이었다. 그러나 아무리 이런저런 말로 설득을 해도 로잘린드는 조나단의 새로운 사역 계획을 따르지 않겠다고 말했다. 참으로 가슴 아픈 일이었다. 물론 조나단도 또다시 자녀를 잃고 싶은 마음은 추호도 없었다. 그러나 이번에 자신이 결정한 선교 사역은 하나님의 인도하심이라는 확신이 있었고, 그 사역 때문에 자녀를 잃지는 않으리라는 확신도 있었기에 안타깝기만 할 따름이었다.

로잘린드 없이 사역을 시작하다

어쨌거나 고포스 가족은 다시 창더로 돌아왔다. 모든 사람들이 뛸 듯이 반겼고, 특히 쳉씨 부인의 기쁨은 이루 말할 수 없었다. 루스는 의화단 사건 동안 쳉씨 부인 덕에 살아났던 일을 또렷이 기억하고 있었다. 그럼에도 불구하고 세 명의 어린 자녀들을 전염병으로부터 보호하려는 로잘린드의 눈물겨운 노력은 정도를 지나쳐 조나단의 우려를 자아냈다. 캐나다에 가 있는 동안 아이들을 보호할 방법에 대해 곰곰이 생각해 두었던 모양이었다. 로잘린드는 이전에 하던 전도 사역들에서 대부분 손을 뗐고, 대신 아이들을 돌보는 일에 모든 노력을 기울였다. 이제는 중국인 유모의 손에 아이를 맡기는 일도 없었다. 어쩔 수 없이 쳉씨 부인에게 아이들을 맡길 경우에는 절대로 집밖으로 나가서 중국인 아이들과 노는 일이 없도록 하라고 부인에게 단단히 주의를 주었다.

로잘린드의 예민한 행동이 마음에 걸리기는 했지만, 조나단은 로잘린드가 플로렌스를 잃은 슬픔이 너무도 컸던 탓이라고 생각했다. 그리고 어떻게든 남은 아이들을 지키려고 하는 노력 자체는 잘못된 점이 없다고 생각하면서 넘어가려고 애썼다.

그러나 아이들을 전염병에서 지키려는 각고의 노력에도 불구하고, 두 살 된 월리스가 이질에 걸리고 말았다. 로잘린드는 어쩔 줄을 몰라 하며 즉시 의료선교사를 불러왔다. 다행히 월리스는 튼튼한 아이였기에 곧 회복되어 목숨을 건질 수 있었다.

일단 월리스가 회복되자 조나단은 가족을 창더에 두고 첫 번째 선교지를 개척하기 위해 혼자 떠났다. 한 달 동안의 전도여행은 대단한 성공을 거두었다. 예상했던 것보다 사람들의 호응은 무척이나 좋았다. 하지만 아쉬운 점이 두 가지 있었다. 예배 시간에 오르간을 연주해 줄 사람이 없었고, 마을 여인들에게 전도할 사역자가 없었다는 점이었다.

창더로 돌아오는 길에 조나단은 이제는 로잘린드가 마음을 바꾸어 다음 여행은 함께 가겠다고 말하기를 바랐지만, 그를 기다리고 있는 소식은 오히려 그의 가슴을 철렁 내려앉게 만들었다. 월리스는 완전히 건강을 되찾았지만 이번에는 콘스탄스가 이질에 걸려 사경을 헤매고 있었던 것이다. 콘스탄스의 작고 어린 몸은 축 늘어져 있었고, 돌아온 아빠를 보고서도 웃지조차 못했다.

조나단은 놀란 눈으로 아내를 보며 물었다. "아니, 이 애가 얼마 동안이나 아팠던 건가요?"

"오늘이 사흘째예요. 의사가 매일 아침마다 왕진을 오는데, 콘스탄스가 너무 어리고 이질의 정도도 아주 심하다고 하는군요." 울먹이던 로잘린드는 소매로 눈물을 훔치며 말했다. "오, 여보! 도대체 어떻게 해야 하죠? 또다시 아이를 잃는다니 정말 견딜 수가 없어요. 흑흑흑…."

"우리가 할 수 있는 일은 기도밖에 더 있겠어요…." 깊은 한숨을 내쉬며 조나단은 그 자리에 무릎을 꿇었다. 곧이어 로잘린드도 무릎을 꿇었고 두 사람은 어린 딸을 위해 간절하게 기도하기 시작했다. 조나단이 기도를 끝내고 눈을 떠 보니, 콘스탄스는 아무런 움직임도 없었다. 손으로 이마를 짚어 보았지만 차가움만 느껴졌다.

"여보, 콘스탄스는 더 좋은 곳으로 갔군요…." 조나단이 나지막이 말하는 소리를 듣고 딸아이를 바라본 로잘린드는 이내 참았던 울음을 토해내기 시작했다. 한동안 몸을 가누지 못할 정도로 통곡하던 로잘린드는 이윽고 진정을 한 후, 아직도 눈물이 흘러내리는 얼굴을 숙이고 다시 한 번 기도를 올렸다. "오, 하나님! 콘스탄스를 위해서는 너무 늦었지만, 이제 저는 당신을 신뢰하겠습니다. 당신이 가라는 곳에 가겠습니다. 남은 아이들도 당신의 손에 맡겨 드립니다."

다음 날, 콘스탄스의 시신은 먼저 간 두 명의 언니들과 함께 선교부지 뒷마당의 나무 아래 묻혔다. 그날은 1902년 10월 13일이었다. 콘스탄스가 살아 있었다면 첫 돌이 되는 날이었다.

순회 전도 사역의 시작

장례식을 마치자 로잘린드는 짐을 꾸리기 시작했다. 이제부터 조나단이 가는 곳이면 아이들과 함께 어디든 따라가겠다고 약속했기 때문이었다.

이번의 목적지는 우안이라는 곳으로, 창더에서 30km 정도 떨어져 있고 곳곳에 웅덩이가 있는 험한 길이었다.

"잠깐, 멈춰 서요!" 우안으로 출발한지 얼마 되지 않아 조나단이 갑자기 일행을 향해 소리쳤다. 그는 아내와 아이들이 타고 있는 맨 앞의 수레 뒤에서 걸어가는 중이었고, 함께 일하는 현지인 사역자들은 두 번째 수레에, 전도집회를 위한 장비들과 짐들은 세 번째 수레에 실려 있었다. 수레꾼이 소들을 멈추고는 눈살을 찌푸리며 내렸다. 그 뒤를 따라 로잘린드와 네 살배기 루스, 두 살배기 월리스가 내려왔다. 그들이 길가에 서 있는 동안 남자들은 일제히 맨 뒤로 가서 일렬로 섰다. 앞에 바위가 가로막혀 수레를 들어올려서 넘어가야 할 상황이었다.

다시 조나단이 소리쳤다. "자, 셋을 셉니다! 하나, 둘, 셋!"

남자들은 각자 몸을 수레 밑으로 넣고 땅바닥에 엎드려 동시에 어깨로 수레를 들어올렸다.

"더 높이 들어올려야 해요!" 옆에 서 있던 로잘린드가 소리치자 남자들은 수레를 좀 더 위로 들어올려 수레 축에 걸려 있는 커다란 바위를 간신히 빠져나오게 만들었다.

로잘린드와 아이들이 다시 첫 번째 수레 위로 올라타고 출발하는 사이, 남자들은 두 번째와 세 번째 수레도 들어올려 마침내 모든 수레가 그 커다란 바위를 지나게 되었다.

그러나 수레가 나아가는 속도가 너무도 느렸던 나머지, 우안에 도착했을 때에는 모두 파김치가 되어 있었다. 음식을 먹을 기운조차 없었던 그들은 여관을 발견하자마자 서둘러 방을 잡고, 쓰러지듯 누워 밤새 깊은 잠에 빠졌다. 다음 날 아침 눈을 떠보니 온몸이 상처와 멍투성이였다. 조나단은 처음부터 이렇게 힘든 길을 온 탓에 혹시라도 아내가 마음을 바꾸지는 않을지 걱정이었다. 그러나 뜻밖에도 로잘린드는 한번 내린 결심에 대해 흔들리지 않았고, 조나단이 어디를 가든 따라가겠다고 재차 다짐했다.

아침 식사를 막 마쳤을 무렵, 누군가 여관 문을 두드리는 소리가 들렸다. 군졸 세 명의 호위를 받으며 들어온 남자는 고위직 관리임이 분명했다. 조나단과 로잘린드는 고개를 숙여 인사하고 자신들을 소개했다.

"안녕하십니까? 나는 이 마을 읍장 엔씨라고 하오." 그는 주변에 있는 조나단의 자녀들을 보자 깜짝 놀라는 표정을 지었다. "아니, 설마 이 아이들을 데리고 창더에서부터 여기까지 저 수레를 타고 온 것은 아니겠지요? 지난달에 그 길을 지나왔는데, 어떤 곳들은 거의 지나가기가 불가능하던데…."

조나단이 읍장을 바라보며 말했다. "아무튼 읍장님의 마을에 오게 되어 저희는 무척이나 기쁩니다. 저희 가족은 수백 리 길을 저 수레들을 타고 왔습니다."

"저런! 다음부터는 절대로 저런 수레들을 타고 오지 마시오! 여기에 오고 싶으면 나에게 전갈을 보내시오. 그러면 내가 당신들이 탈 가마를 보내 주겠소. 여기에서 떠날 때도 내가 보내는 가마를 타고 가시오. 만약 내 청을 받아들이지 않는다면 나에 대한 큰 모독으로 여길 것이오!"

조나단이 사양의 말을 하려고 하자 읍장은 손을 저으며 그의 말을 가로막았다. "두말할 것 없소! 여기에 오려면 내 가마를 타고 오던지, 아니면 아예 올 생각을 마시오!"

읍장의 마음을 상하게 하지 않으려고 조나단의 그의 친절을 받아들이겠다고 말했고, 두 사람은 잠시 대화를 주고받았다. 읍장은 초면임에도 일행이 마을 전도를 하는 동안 묵을 집도 추천해 주는 등 큰 도움을 주었다. 조나단은 그에 대한 보답으로 옌 읍장에게 중국어 성경을 선물로 주었다.

그날 오후, 그들은 새로 얻은 집으로 들어가 자리를 잡았다. 조나단 가족은 방 하나에서 함께 지내기로 했다. 로잘린드는 온 가족이 그 방에서 되도록 편히 지낼 수 있도록 최선을 다해 그 방을 꾸미기 시작했다. 먼저 푸른색 무명 커튼을 온돌방 주변에 치고, 한쪽 구석에도 커튼을 쳐서 조나단이 방해를 받지 않고 서재처럼 그 안을 이용할 수 있도록 했다. 창턱 한개는 옷장으로 삼아 옷을 걸고, 다른 창턱은 조나단의 책들을 진열하여 책꽂이로 활용했다. 그리고 난 뒤 조나단과 로잘린드는 수레에 있는 마른 볏짚을 가져와서 마룻바닥에 깔아 아이들이 밤에 잠을 잘 수 있도록 했다. 또한 요리사를 보내 화덕을 만들 벽돌들을 사오도록 했다. 중국인들의 집에는 굴뚝이 없어 연기가 그대로 집 안에 들어찼고, 숨쉬기가 곤란할 지경이 되면 문을 열어서 연기를 내보낼 뿐이었다. 한 시간 만에 모든 정리를 끝내고, 조나단의 가족은 새로운 집에 자리를 잡았다.

방정리가 끝나자 조나단은 밤마다 전도집회를 열게 될 큰 방을 꾸미기 시작했다. 현지인 전도자들과 함께 성경구절이 적혀 있는 큼지막한 깃발들을 사방에 장식했다. 또 방 한쪽은 설교하는 강단으로 정하고 그 위에 제일 밝은 등잔을 달아 놓았다. 왼쪽에는 찬송가 가사가 적힌 긴 두루마리를 걸었는데, 흰 무명천에 간단한 찬송가 가사 열다섯 개를 손으로 적은 것이었다. 오른쪽에는 이동식 오르간이 놓였다. 일단 모든 것들을 정리하고 나자, 조나단은 모두 밖으로 나가서 사람들이 앉을 만한 긴 의자와 걸상들을 모을 수 있는 만큼 모아 오자고 했다. 해가 지고 나니 다음 날부터 열게 될 전도집회 준비가 끝이 났다.

다음 날 아침, 조나단은 수년간 늘 하던 대로 하루 일과를 시작했다. 새벽 5시에 일어나 15분 동안 열심히 체조를 해서 잠을 깨고, 한 시간 45분 동안 연필과 공책을 옆에 놓고 성경을 공부했다. 이미 그에게는 그동안 사람들에게 설교하고 가르쳤던 설교 자료가 수백 개나 있었다. 하지만 조나단은 날마다 자신이 묵상하고 공부한 내용으로 새로운 주제의 설교를 하기를 즐겨했다. 성경공부를 마치고 나면 7시 정도에 아침식사를 하고, 온 가족과 함께 예배를 드렸다. 8시에서 9시 사이에는 현지인 전도자들과 함께 성경공부를 하고 기도를 드렸다.

오전 9시 10분이 되면 모든 전도자들이 우안 마을 각 처로 흩어져 전도를 시작했고, 로잘린드는 안마당에 머물며 찾아오는 여인들을 맞이하고 복음을 전했다.

하루 종일 그렇게 전도를 하고 난 후 전도자들은 다시 집에 모여 저녁을 먹고 그날 저녁 모임을 준비했다. 전도집회는 항상 활기가 넘쳤다. 모여든 사람들에게 새로운 찬송가를 가르쳐 주고 조나단이 설교를 했다.

우안에서의 전도는 순조로웠다. 마을 사람들은 수많은 서양인들이 의화단 사건으로 죽임을 당했는데도 여전히 서양인들이 자신의 마을에 들어온 것을 무척 신기하게 여겼다. "왜 다시 중국으로 돌아왔나요?" 사람들은 조나단에게 종종 그렇게 물었다. "뭐가 그리 중요해서 생명을 걸고 우리에게 온 겁니까?" 조나단은 그때마다 자신들을 중국으로 다시 오게 만들 정도로 중요한 것이 무엇인지 진지하게 설명했다. "나의 생명보다 중요한 것은 하나님의 복음을 전하는 것입니다."

어느 날, 읍장 옌씨가 또다시 조나단 일행을 찾아왔다. 그는 자못 심각한 표정으로 조나단을 따로 불렀다. "한 가지 궁금한 점을 대답해 주시오. 당신이 준 성경이라는 책에 어찌 그리 희한한 힘이 있는지 모르겠소. 전에는 뇌물을 받고 부당한 판결을 하기 일쑤였는데, 이 성경을 읽으면서부터는 그런 부당한 판결을 하면 밤에 잠이 오지 않는다오."

조나단은 빙그레 웃으며 옌씨에게 대답했다. "여기 앉으시지요, 읍장님. 제가 그 힘이 어디에서 나온 것인지 말씀드리겠습니다."

한 달이 지나고 나자 우안 마을에는 스무 명의 신자가 생겨났고, 다른 많은 사람도 그들이 얘기하는 하나님에 대해 더 알고 싶어 했다.

창산 가족의 변화

그 후 몇 년간 조나단 가족은 허난성 북부 지역을 가로지르며 가는 곳마다 성경 말씀을 전하고 가르쳤다. 그리고 6개월에 한 번씩 창더 선교기지로 돌아와 그곳의 사역을 돌보았다. 그렇게 창더에서 머물던 어느 날, 조나단은 창산이라는 사람을 만나게 되었다.

창더 교회에서 저녁예배를 드리는데 스무 살 정도의 영리해 보이는 청년이 한 명 눈에 띄었다. 설교를 마치고 나서 조나단이 기독교에 대해 더 알고 싶은 사람은 예배당에 붙은 작은 방으로 들어오라고 말하자, 그 청년은 벌떡 일어나 제일 먼저 그 방으로 들어오는 것이었다. 조나단은 청년에게 다가가서 말을 걸었다. 어느 마을 사람이며 무엇을 알고 싶으냐는 질문에 청년은 자신은 근처의 쓰웬이라는 마을에 사는 창산이라고 소개했다. 그는 활기찬 찬송가 소리에 마음이

끌려 교회까지 들어온 것이었다.

조나단이 차근차근 복음에 대해 설명해 주자, 창산의 눈에서 눈물이 흘러내렸다. 그리고 자신은 그리스도인이 되고 싶지만 지난 몇 년간 아버지가 자식들에게 외국인들을 가까이 하지 말라는 엄명을 내렸다고 말했다. 창산은 성질이 불같은 아버지의 화를 돋우고 싶지 않았다. 쓰웬 마을에서는 그의 아버지를 호랑이 영감이라고 부를 정도였다.

조나단은 창산에게 올바른 결정에 대해 강조하고, 아버지의 일은 하나님께 맡기라고 말했다. 그리하여 창산은 그날 기독교로 개종하게 되었다. 다음 날과 그다음 날에도 창산은 저녁예배에 참석했고, 예배가 끝난 후에는 조나단과 어떻게 해야 할지를 의논했다. 창산이 집에 돌아가기 전날 밤, 조나단은 그에게 돌아가면 가족에게 살아 계신 진정한 하나님을 믿기로 했다고 말하면 어떻겠냐고 충고했다. 창산은 그렇게 하는 것이 옳다는 점은 인정했지만, 여전히 아버지가 어떻게 나올지 걱정이었다.

그 뒤 열흘 동안 조나단은 창산을 위해 기도하면서 그로부터 소식이 오기를 기다렸다. 11일째 되는 날, 막 해가 지려는 무렵에 한 남자가 비틀거리며 조나단의 집 문을 두드렸다. 옷은 다 뜯겨져 나가고 얼굴에는 여러 개의 흉측한 상처

자국이 있었다. 주변이 어스름했기에 조나단은 처음엔 그가 누구인지를 알아보지 못했다.

"무슨 일로 오셨죠? 의사를 불러 줄까요?"

"접니다, 목사님!" 남자가 한 발짝 가까이 다가서며 부르짖었다.

"아니, 창산! 정말 당신입니까?" 조나단은 믿을 수 없다는 표정을 지었다. 그가 며칠 전에 함께 이야기를 나누던 그 청년이라니!

"예, 목사님. 창산입니다. 목사님과 의논을 하고 싶어 왔습니다."

"어서 들어오세요. 우선 상처부터 닦고 나서 얘기하도록 합시다."

조나단은 창산을 부엌으로 데리고 가서 의자에 앉힌 후 따뜻한 물을 떠다가 깨끗한 헝겊에 적셔 상처를 닦고 싸매 주었다. "어쩌다 이렇게 된 건가요?"

창산이 길게 한숨을 내쉬었다. "선교사님이 말씀하신대로 했습니다. 고향 마을에 돌아갔는데 선교사님께서 제 신앙생활의 첫 단계는 가족에게 개종 사실을 털어놓는 일이라고 하신 말씀이 계속 기억났습니다. 그래도 아버지가 무서워서 용기를 내지 못하고 며칠을 끌었지요. 친구나 가족들도 가급적 얼굴을 마주치지 않으려고 했어요. 저를 보면 창더에서 어떻게 지냈냐고 물을까봐 겁이 나서요. 그러다가 결국은 더는 견딜 수가 없더군요. 그래서 아버지의 발 앞에 엎드려 울면서 벽돌 바닥에 계속 제 머리를 내리찧었습니다."

물 적신 헝겊을 짜서 창산의 눈가에 대어 주던 조나단은 그다음에 무슨 말이 나올지 걱정이 되었다.

"제가 그렇게 계속 울고 있으니까 아버지는 제가 창더에 가서 도박을 해서 돈을 몽땅 날렸는 줄 아셨나 봅니다. 그래서 뭔가 나쁜 짓을 한 것은 알겠지만, 솔직히 이야기를 하면 그것으로 끝난 것이니 말을 해보라고 하셨습니다. 그래서 저는 '아닙니다, 아버지. 뭔가 나쁜 일을 한 것이 아니고 아버지가 전혀 이해 못하실 일을 한 것뿐입니다. 그래서 이렇게 우는 것입니다. 저는 이제 기독교인이 되었습니다. 창더에서 한 선교사가 하는 이야기를 듣게 되었는데 하나님이 우리 모든 인간을 사랑하신다는 놀라운 이야기였습니다'라고 말을 꺼냈습니다. 그런데 더 이야기를 하기도 전에 아버지가 자리에서 벌떡 일어서더니, 다짜고짜 제 멱살을 잡고 저를 벽으로 밀어붙이며 걷어차기 시작하셨습니다. 나중에는 길거리로 끌고 가서 사람들이 잔뜩 모여 있는 앞에서 저를 계속 때리며 큰 소리로 '서양 놈들이 내 아들을 현혹시켰어!'라고 소리치셨죠."

"그래서 어떻게 되었어요?"

"저는 머리를 감싸 안았지만 대들지는 않았습니다. 급기야 연세가 많으신 아버지가 힘이 부치셨는지 마지막으로 저를 발로 차면서 '어서 그 어리석은 수작을 그만두겠다고 맹세하고, 그 서양 놈들을 저주하지 못해!'라고 하셨습니다. 그래도 저는 '아닙니다, 아버지. 저를 죽이려면 죽이십시오. 하지만 저는 진정한 신인 하나님을 믿기로 굳게 결심했습니다'라고 말씀드렸습니다. 그러자 아버지는 화가 머리끝까지 치밀어서 '가서 작두를 가져와! 이놈이 가문에 먹칠을 했으니 당장 죽여 버리겠다!'라고 고래고래 소리를 지르셨죠. 하지만 아무도 작두를 가져오지 않자 아버지는 직접 작두를 찾으러 집으로 들어가셨습니다."

"아니, 그래서요?" 창산에게 차를 따라 주던 조나단이 초조하게 물었다.

"좀 희한한 일이 있었습니다. 제 고향 마을에는 그리스도인이 한 명도 없는데, 마을 노인 몇 분이 저를 부축해서 어떤 이웃의 집에 숨도록 도와주었습니다. 그분들은 저를 볏짚 밑에 숨기고, 아버지의 화가 누그러지면 알려 주겠다고 말씀하셨습니다. 그날 밤에 그분들이 다시 오셔서, 아버지가 아직도 역정을 내고 계시니 달아나는 길밖에 없다고 하더군요. 그래서 저는 그 집 담을 넘어 여기까지 온 것입니다."

"참으로 잘 했습니다."

"궁금한 것이 있습니다, 선교사님. 살아 계신 하나님이 이번에는 제가 어떻게 하기를 바라신다고 생각하십니까?"

조나단은 잠시 할 말을 잃고 앉아 있었다. 자신이 하나님께로 인도한 초신자가 자신이 가르쳐 준 신앙생활의 1단계를 따르다가 죽음 직전까지 가고, 이제 2단계가 무엇인지 말해 달라고 하고 있었다.

"글쎄, 다음에 무엇을 해야 할지 솔직히 저도 모르겠습니다. 하지만 일단 오늘 밤은 우리 집에서 머물고, 내일 이곳의 모든 사역자들을 불러서 당신이 어떻게 해야 할지를 의논해 봅시다."

다음 날 아침, 창산은 조나단의 서재에 모인 모든 선교사들과 현지인 사역자들에게 자신이 당한 일을 이야기했다. 그의 말을 모두 들은 후, 선교사들은 한 가지 묘안을 생각해 냈다. 다음 날에 모두 쓰웬으로 가서 길거리마다 흩어져 사람들에게 전도하고, 그 사이 조나단은 창산의 아버지를 만나 이야기를 나눠 보자는 것이었다.

다음 날 아침 일찍 모든 선교사와 사역자들이 쓰웬을 향해 출발했다. 창산은 그대로 창더에 남겨 두었는데, 그가 다시 나타나면 아버지의 감정을 자극하는 역할밖에 하지 않아 더 위험할 것이라는 판단에서였다.

쓰웬의 마을 사람들은 선교사들에게 매우 냉담했다. 손님이 찾아왔는데도 누구 하나 중국식의 인사치례도 하지 않았고, 수십 리를 걸어온 그들에게 의자를 내주거나 물 한 잔을 건네는 사람도 없었다. 그러나 선교사들은 아랑곳하지 않고 마을의 곳곳에 흩어져 하나님의 말씀을 전했다. 하지만 떠돌이 개들과 맨발의 코흘리개들만이 그들의 이야기를 들어 줄 뿐, 어른들은 얼씬도 하지 않았다.

조나단은 소년 한 명에게 돈을 쥐어 주며 창산의 아버지에게 저녁에 방문해도 되는지 묻는 쪽지를 전해 달라고 부탁했다. 점심시간이 되어 모든 사역자들이 다시 한자리에 모였지만 창산의 아버지로부터는 아무런 응답이 없었다. 그들은 길거리 전도는 전혀 소용이 없는 것 같으니 함께 찬송을 부르면서 혹시 마을 사람들이 찬송 소리에 관심을 나타내는지 보기로 했다. 곧 그들은 "예수 사랑하심은"이라는 찬송을 소리 높여 부르기 시작했다.

찬송을 부르는 사이 마을의 분위기가 서서히 바뀌기 시작했다. 사람들은 하나둘 발걸음을 멈추고 그들 곁으로 다가

왔다. 곧 남자 몇 명이 주변에 앉아 찬송 소리에 귀를 기울였다. 어떤 사람은 탁자를 선교사들에게 갖다 주며 손에 들고 있는 성경책을 그 위에 내려놓으라고 권했다. 곧 또 다른 남자가 긴 의자 두 개를 가져오며 앉으라고 했고, 어떤 할머니는 찻주전자와 찻잔 몇 개를 들고 나왔다. 얼마 지나지 않아 많은 사람이 몰려들어 선교사들이 전하는 복음을 주의 깊게 들었다.

하지만 창산의 아버지로부터 아무런 응답이 없자 조나단은 초조해졌다. 그들이 쓰웬에 온 것은 창산이 안전하게 고향으로 돌아가게 하려는 목적 때문이 아니었는가? 오후 3시가 되자 조나단은 허락이 있건 없건 일단 창산의 아버지를 찾아가 보기로 했다.

하지만 서양인이 찾아온다는 말을 들은 창산의 아버지는 밖으로 달아나 버렸다. 창산의 아버지를 만나 이야기하기는 그른 일이 되었으나, 창산의 친척들은 창산에게 독한 마법을 건 서양인을 구경하려고 몰려들었다. 조나단은 이때야말로 기회라는 생각이 들어 그들에게 앉으라고 권하면서, 바로 사흘 전에 창산이 얻어맞은 그 장소에서 하나님의 말씀을 전했다. 그리고 오후 늦게, 조나단은 일행을 만나 먼지 나는 황톳길을 걸어서 다시 창더로 돌아왔다.

며칠 후, 쓰웬으로부터 창산의 친구 한 명이 찾아왔다. 그리고 마을 사람들이 선교사들에게 좋은 인상을 받았고 아버지도 화를 누그러뜨렸으니 이제 집에 와도 좋겠다고 일러 주었다. 하지만 조나단은 이번에도 아버지로부터 무슨 일을 당할지 모르니 호씨에게 함께 가 달라고 부탁했다. 아니나 다를까, 창산의 아버지는 아들을 보자마자 또다시 성을 내며 폭언을 퍼부었다. 급기야는 삼지창을 꺼내 들고서 아들을 찌르려고 달려들었다. 그때 호씨가 재빨리 두 사람 사이로 들었다. 그는 창산의 아버지가 들고 있는 삼지창을 빼앗고, 두 팔을 뒤에서 꽉 붙들고는 절대로 아들을 해치지 않겠다고 약속하면 풀어 주겠다고 했다. 결국 그렇게 하겠다는 다짐을 받고 나서야 호씨는 그의 팔을 놓아 주었다.

중국에서는 말로 한 약속이라도 한 번 뱉은 말은 반드시 지키는 풍습이 있기에, 호씨는 창산의 아버지가 더는 아들을 해치지 않으리라는 확신을 가지고 선교사들에게 돌아갔다. 그 뒤 몇 주 동안 선교사들과 사역자들은 쓰웬을 방문하면서 그들의 상황을 지켜보며, 계속해서 마을 사람들에게 전도했다. 창산의 권고와 선교사들의 전도로 인해 많은 마을 사람들이 하나님을 믿기 시작했고, 결국 창산의 아버지를 제외한 창산의 온 가족도 믿게 되었다.

그리고 하나님을 믿고 난 가족들에게 일어나는 변화를 목격한 창산의 아버지가, 놀랍게도 자신도 기독교인이 되겠다고 선언하는 기적적인 일이 일어났다. 그날부터 그는 완전히 딴사람이 되어 버렸다. 일을 하는 중에도 욕설 대신에 찬송가를 불렀고, 매일 아침마다 성경을 큰 소리로 읽었으며, 아이들에게도 친절하게 잘 대해 주었기에 이젠 호랑이 영감 대신 맘씨 좋은 할아버지로 통하게 되었다.

어느 날, 창산과 그의 남동생은 아버지에게 창더에 가서 조나단과 함께 전도하는 사역자가 되게 허락해 달라고 구했다. 아들 둘이 떠나고 나면 그만큼 집안일을 도와줄 사람을 잃게 되는 것이었지만, 아버지는 기꺼이 허락했다. "우리 중국인들은 누구나 유일하고 진정한 하나님에 대해 들어야 한다. 나같이 성질 나쁜 늙은이를 변화시키셨으니 그분은 진짜로 능력의 하나님이 틀림없다."

그러나 쓰웬 마을에는 창산 아버지의 변화는 물론, 다른 개종자들에 대해서도 전혀 감동을 받지 못하는 사람이 한 명 있었다. 바로 창씨 할머니라고 불리는 창산의 증고모였다. 할머니는 창씨 가족 중에서 가장 웃어른이었기 때문에 아무도 할머니의 뜻을 거역하지 못했다. 가족들이 대대로 섬기던 신을 버리고 하나둘 기독교로 개종을 하자 창씨 할머니는 불같이 화를 냈다. 자기 마을에 점차로 기독교인들이 늘어나는 게 싫었던 창씨 할머니는 갖은 방법을 동원하여 그들을 괴롭히곤 했다.

하루는 조나단과 로잘린드가 쓰웬을 방문하여 창산의 부모와 이야기를 나누고 있는데, 창산의 어머니가 갑자기 눈물을 쏟으며 하소연했다. "제발 저희 증고모님을 전도해 주셨으면 좋겠어요. 연세도 많으시고 아주 깐깐하신 분인데, 기독교인들이라면 딱 질색이세요. 모두 고모님의 욕설이 무서워 감히 전도할 엄두를 못 낸답니다."

조나단은 로잘린드의 얼굴을 바라보았다. 중국 여인은 외간 남자를 방으로 맞아들이는 법이 없었다. 로잘린드가 알겠다는 듯 조나단을 마주보며 빙긋 웃었다. 로잘린드는 교회에서 함께 사역하는 왕씨 부인에게 "창씨 할머니에게 내가 찾아가도 괜찮으냐고 여쭈어 주세요. 부인이 가서 물어보는 동안 우리는 여기에서 기도하고 있을게요"라고 말했다.

왕씨 부인은 서둘러 창씨 할머니를 찾아가서, 전족을 하지 않은 서양 여인이 할머니를 찾아뵙고 싶다는 말을 전했다. 얼마 지나지 않아 신이 나서 돌아온 왕씨 부인은 "창씨 할머니가 오셔도 된대요!"라고 말을 전했다.

조나단이 아내를 향해 빙긋이 웃으며 입을 열었다. "이번에는 당신이 가 보세요. 내가 기도해 줄 테니."

한 시간이 지나서 로잘린드가 부리나케 방 안으로 들어왔다. "여보, 빨리 붉은색과 푸른색 색연필을 찾아 주세요. 그리고 만년필이랑 백지도요!"

방에서 성경을 읽고 있던 조나단은 손으로 가죽가방 안을 더듬어 찾으면서 물었다. "아니, 색연필은 무엇에 쓰려고 그러나요?"

"창씨 할머니하고 벽에 걸린 우상 그림들에 대해 얘기를 나누다가 제가 물었죠. 정말 저 우상들의 눈이 할머니가 무엇을 하는지 지켜보고 있다고 생각하시느냐고요. 그랬더니 할머니가 '그럼, 물론이지. 눈동자가 살아 있는 사람의 눈하고 똑같잖아'라고 대답하시기에, '만약 제가 사람 눈하고 똑같은 눈을 그리면 어떻게 하시겠어요? 그럼 제가 우상을 만든 것인가요? 그 우상이 할머니가 하는 일을 볼 수 있겠어요?'라고 물었죠. 그러니까 할머니는 코웃음을 치면서 '흥, 그런 그림을 그릴 수 있다고? 말도 안 돼! 속에 신령이 들어가 있지 않는 한 아무도 사람 눈하고 똑같게 그릴 수 없어!'라고 하시더라고요. 그래서 제가 보여 드릴 테니 기다려 보시라고 했죠."

조나단은 재능 있는 화가였던 로잘린드가 도구를 챙기는

것을 도와주면서 잘 하라고 격려해 주고는, 초조한 마음으로 아내가 돌아오기를 기다렸다.

조금 후 돌아온 로잘린드는 눈을 빛내며 결과를 보고했다. "여보, 당신이 와서 보셔야 했는데! 제가 할머니의 초상화를 그렸는데, 하나님이 도와주셔서 그분의 눈하고 아주 비슷하게 그렸지 뭐예요. 나중에 할머니에게 그림을 보여 주었더니 깜짝 놀라시는 거예요. 그리고는 달라고 하면서 그림을 잡으려고 하기에 '안돼요, 할머니! 이 그림 속의 눈이 살아 있는 눈과 똑같지만, 이 눈이 제가 지금 그린 그림 한 장에 불과하다는 것을 인정하시기 전까지는 드릴 수 없어요'라고 했더니, 할머니가 '그래 맞다. 여기 있는 우상들처럼 사람 눈하고 똑같이 생겼지만 그림일 뿐이야. 그러니 그것을 나에게 다오'라고 해서 그림을 할머니께 드렸어요. 그랬더니 아주 좋아하시더라고요. 그동안 무척이나 쓸쓸하셨나 봐요. 자신은 죽기만을 기다리고 있고, 관까지 만들어 놓았다고 하시더군요. 저보고 다시 놀러 와서 같이 이야기를 나누자고 했어요. 이건 분명 좋은 출발이죠. 안 그래요, 여보?"

"나도 정말 그렇게 생각해요." 조나단이 아내를 보며 빙긋 웃었다.

그 후로 조나단과 로잘린드는 쓰웬 마을을 방문할 때마다 잊지 않고 창씨 할머니를 찾아갔다. 처음에는 종교에 대해 이야기하기도 꺼리던 창씨 할머니는 차츰 마음을 열어, 마침내 자신도 기독교인이 되겠다고 말했다.

그리고 창씨 할머니는 그때부터 완전히 딴사람이 되었다. 할머니는 그 마을에 또 한 채의 집을 소유하고 있었는데, 그 집을 교회에 매우 값싸게 빌려 주어 학교를 시작하도록 해주었다. 또 주일마다 예배가 끝나면 자신의 집 안마당에서 성경공부를 하는 여인들에게 차를 대접했다. 심지어 짜 두었던 자신의 관까지 목사에게 내주어, 수년 동안 그 관은 성경과 찬송가를 보관하는 장롱으로 사용되었다.

조나단은 쓰웬에 와서 교회에 놓인 관을 볼 때마다 창씨 할머니 생각이 났다. 로잘린드의 그림 솜씨가 진가를 발휘하여 종이에 그려진 우상을 섬기는 것이 얼마나 어리석은 일인지를 깨우쳐 준 재미있는 사건이었다.

Chapter 8

끝나지 않은 임무

그러던 어느 날, 의사 맥케이 씨가 조나단에게 함께 한국을 방문해보지 않겠느냐고 제의했다. 1907년 봄 무렵이었다. 맥케이 씨는 캐나다 장로교단의 선교부 서기관으로 일하는 사람으로, 그와 함께 3주 동안 한국을 방문한 시간은 조나단에게 새로운 눈을 뜨게 해주었다. 당시 한국에는 기독교가 한창 부흥하고 있었고, 교회를 비롯하여 기독교 학교와 병원들이 잇달아 세워지고 있었다. 조나단과 맥케이 씨는 수천 명의 한국인 개종자들이 그런 기관들을 운영해 나가는 모습도 목격했다. 중국에서 지난 19년 동안 선교 사역의 많은 열매를 맛본 조나단이었지만, 한국에서 일어나는 부흥과는 비교할 수 없었다.

성공적인 만주 전도집회

조나단은 중국으로 돌아오는 길에 만주 지역을 들렀다. 그곳에서는 선교기지 세 군데에서 설교했는데, 평소 설교하던 내용이 아니라 한국에서 보고 체험했던 부흥에 관한 보고였다. 그의 열정적인 보고에 감명을 받은 사람들은 그에게 다시 와서 열흘 동안 전도집회를 인도해 달라고 요청했다. 두 번째로 들른 선교기지에서도, 그리고 마지막 선교기지에서도 모두 동일한 요청을 해 왔다.

허난성 북부에서 원래 하고 있던 사역만도 버거울 지경이었지만, 동일한 요청을 세 번이나 받자 조나단은 아무래도 만주를 다시 방문하는 것을 심각하게 고려해야겠다는 생각이 들었다. 허난성으로 돌아와 장로교 선교단 회의에서 이 문제를 의논하자, 선교단원들은 조나단이 그해 가을 한 달 동안 만주로 가서 사역해도 좋다는 허락을 해주었다. 그렇게 해서 시작된 만주 전도집회는 예상보다 더욱 대성황을 이루었다. 조나단이 설교하는 곳마다 사람들이 눈물을 흘리며 회개하는가 하면, 강도질을 일삼던 사람들이 자신의 죄를 뉘우치고 정부 관리와 함께 무릎을 꿇고 기도하는 놀라운 일이 벌어졌다. 길거리에서 구걸하던 거지들과 대학생들이 밤새도록 나란히 앉아 하나님의 사랑에 대해 이야기하며, 얼마나 자신의 삶이 변했는지 간증했다.

전도집회가 성황을 이루었다는 소문이 널리 퍼져, 조나단이 장로교 선교단에 돌아와 선교보고를 하려고 했을 무렵에는 이미 모든 선교단원들이 소문을 듣고 무슨 일이 일어났는지 익히 알고 있을 정도였다. 그 뒤 몇 주 동안 장로교 선교단에는 중국 각지에서 날아온 편지들이 쇄도했다. 그 편지들은 조나단이 현재 맡고 있는 선교 사역을 중단하고 자신의 교회나 선교기지로 와서 만주에서와 같은 전도집회를 열어주면 좋겠다는 내용이었다.

조나단이 한국을 방문한 지 1년이 되는 1908년 봄이 되자 장로교 선교단에서는 조나단 고포스 선교사에게 허난성 지역만이 아니라 중국 전역에서 선교 사역을 하도록 새로운 결정을 내렸다. 중국 어디에서건 전도집회를 할 수 있도록 위임을 받은 것이다.

조나단의 새로운 임무를 수행하기 위해서는 한 번에 며칠씩 고생스런 여행을 하며 중국 전역을 돌아다녀야 했다. 따라서 선교본부는 로잘린드와 아이들이 조나단과 함께 다니기는 불가능하다고 판단했다. 더욱이 로잘린드는 콘스탄스가 죽은 이후에 메리와 프레드라는 두 명의 아이를 해산한 터였다. 조나단은 내키지 않았지만 선교단에서 결정한 사항들을 받아들이고 가족들은 캐나다로 돌아가서 장기간 안식년을 보내기로 했다.

로잘린드와 아이들이 캐나다로 떠나기로 한 날을 며칠 앞두고 조나단은 아내와 함께 오랜 시간 산책을 나갔다. 두 사람만이 있게 되자 로잘린드가 조나단을 바라보며 심각하게 물었다. "여보, 만약 제가 캐나다에서 불치병에 걸려 오래 살지 못한다는 진단을 받는다면 어떻게 하실 거예요? 당신에게 돌아오라는 전보를 치면, 저를 위해 돌아오실 건가요?"

조나단은 지난 20년 동안을 함께 해온 아내의 얼굴을 바라보았다. "여보, 당신은 지금 일어나지도 않았고 일어나길 바라지도 않는 상황에 대해 이야기하고 있군요."

"네, 알아요. 어쨌든 당신은 와 주실 건가요?"

조나단은 깊은 한숨을 내쉬었다. 아내의 마음을 상하게 하고 싶지는 않았지만, 대답을 하지 않을 수 없었다. 자신은 중국 선교의 사명을 받았고, 그 어느 것도, 심지어 자신이 가장 사랑하는 아내조차도 그 사명을 포기하게 만들 수는 없었다. 잠시 적절한 말을 찾아 머뭇거리다가 이윽고 그가 입을 열었다. "지금 우리나라가 다른 나라와 전쟁을 하고 있고, 내가 중요한 임무를 띤 부대의 사령관이라고 합시다. 당신이 그런 상황이라는 전보를 받았을 때 내가 부대를 떠나는 것이 옳은 일이라고 생각하나요?"

그는 잠잠히 로잘린드의 대답을 기다렸다. 눈물이 얼룩진 얼굴로 로잘린드가 침착하게 말했다. "아니요. 당신의 임무는 왕과 조국에 대한 것이니까요."

조나단이 손을 뻗어 부드럽게 아내의 손을 잡았다. 두 사람의 앞에 놓인 길이 어떤 길인지를 이해하는 아내가 무척이나 고맙게 느껴졌다.

이듬해, 조나단 고포스는 중국 전역을 종횡무진 돌아다녔다. 그가 설교하는 곳마다 수많은 중국인들이 그리스도를 영접했다. 때로는 집회 장소에 꽉 들어찬 사람들이 조나단의 설교를 계속 듣고 싶어 했기에 녹초가 되도록 설교하기도 했고, 어떤 경우에는 한 집회가 열두 시간 이상씩 끌면서 너무 어두워져 강단이 보이지 않게 되어서야 사람들이 겨우 해산하기도 했다. 이미 안식년을 넘긴 1909년이 되어서야 조나단은 캐나다로 돌아가 가족들을 만날 수 있었다. 반가운 만남의 시간을 가진 뒤에 조나단은 로잘린드와 여섯 명의 자녀들을 데리고 열 달 동안 캐나다 전역을 돌며 설교했다. 많은 교회들이 조나단을 초청하여 중국과 만주에서 일어난 부흥집회 소식에 귀를 기울였다. 그의 열정적인 설교에 교인들이 얼마나 호응했던지, 예배 시간이 한없이 연장된다는 이유로 그를 초청하기 꺼리는 교회까지 생겨났다.

캐나다에서 가족들과 함께 지내는 시간도 즐거웠지만, 조나단은 이제 온 가족이 중국으로 다시 돌아갈 수 있기를 희망했다. 마침내 1910년 6월, 가족 모두 중국으로 돌아가도 좋다는 허락이 떨어졌다. 마침 6월에는 스코틀랜드의 에든버러에서 세계선교회의가 열렸는데 캐나다 장로교를 대표하는 선교사로 조나단이 선정되어, 그는 가족을 데리고 영국을 거쳐 중국으로 들어가기로 했다. 스코틀랜드에서 세계선교회의를 마친 뒤, 조나단은 스펄전 목사가 런던에 세운 메트로폴리탄 교회에 초대를 받아 그곳에서 열흘 동안 설교를 했고, 대규모의 케즈윅 사경회에도 초대를 받아 설교했다. 메트로폴리탄 교회와 케즈윅 사경회에서는 수천 명의 사람들이 몰려와 조나단의 설교를 들었다. 조나단은 자신의 말을 열심히 경청하는 수많은 영국인들을 바라보면서, 자신이 태어난 조국 캐나다에서는 왜 이런 열정을 볼 수 없는지 서글픈 생각이 들었다.

새로운 동역자 수창팅

조나단의 가족은 1910년 8월에 다시 중국에 도착했다. 장로교 선교단에서는 조나단의 사역을 둘로 나누어, 허난성 북부에서의 사역과 함께 중국 전역에서 전도집회를 여는 사역도 계속하라고 지시했다. 더 많은 책임을 맡게 된 조나단의 어깨는 한없이 무거워졌다. 같이 동역할 만한 선교사와 중국인 전도자가 없는 것이 가장 큰 문제였다.

그동안 중국인 열다섯 명을 전도자로 훈련했지만, 그들은 모두 자신이 맡은 지역에서 바쁘게 일하고 있거나 다른 선교사들과 함께 일하고 있었다. 그들에게 지금 감당하고 있는 사역을 중단하고 자신과 함께 일하자고 요청할 수는 없는 노릇이었다. 그래서 조나단은 새로운 동역자를 보내 달라고 기도했다. 그리고 하나님은 조나단의 기도에 응답하셔서 그에게 새로운 동역자를 보내셨다. 그러나 안타깝게도 조나단은 그를 첫눈에 알아보지 못했다. 그도 그럴 것이, 수창팅이 전도자가 되리라고는 누구도 상상하기가 어려웠다.

11월에 창더에는 특별 전도집회를 위한 거대한 천막이 세워졌다. 조나단은 29일 동안 하루도 쉬지 않고 하루에 세 번씩 그곳에서 말씀을 전했다. 그 기간에 수많은 사람이 주님을 영접했는데, 마지막 날에는 천여 명의 사람들이 천막 안을 가득 메웠다.

마지막 예배가 시작되자 로잘린드가 오르간을 연주하고 열한 살이 된 월리스는 어머니 옆에서 바이올린을 연주했다. 찬송을 부르는 동안 조나단은 앞자리에 앉아 있었는데 마침 천막 입구가 잘 보이는 자리였다. 그런데 인력거 한대가 멈춰 서더니 잘 차려 입은 남자 한 명이 내리는 것이 보였다. 그는 인력거꾼에게 돈을 지불하면서 중심을 잡느라 잠시 바퀴에 몸을 기댔다. 조나단은 처음 보는 그 남자가 집회에 오는 사람이기를 간절히 바랐다. 그의 바람대로 남자는 돈을 주고 나서 몸을 돌려 천막 안으로 들어왔다. 수창팅이 비틀거리며 맨 앞자리로 가서 앉는 동안, 모든 사람들의 시선이 그에게로 쏠렸다.

조나단은 불안한 마음이 들었다. 분명 그 남자는 만취한 상태였다. 제법 거리가 떨어진 곳에서도 술냄새가 확 풍겨올 정도였다. 찬송가를 부르는 동안 조나단은 그 술 취한 남자가 예배를 방해하지 않게 해달라고 기도했다. 찬송가가 끝나고 강단에 올라간 조나단은 디모데전서 1장 15절의 "미쁘다 모든 사람이 받을 만한 이 말이여 그리스도 예수께서 죄인을 구원하시려고 세상에 임하셨다 하였도다"라는 말씀을 주제로 설교를 시작했다.

조나단이 죄에 대해 열심히 설교하는 동안 그의 얼굴이 점점 일그러졌다. 그는 뭔가 기분 나쁘다는 듯 혼자 중얼거리다가 밖으로 나갈 것처럼 자리에서 일어났으나 나가지는 않았다. 예배가 무척이나 오래 지속되었기에, 끝날 즈음에는 수창팅도 술기운에서 깨어났다. 그리고 조나단이 지금 자신이 한 말씀을 믿는 사람은 손을 들라고 하자 손을 번쩍 드는 것이었다. 그날 밤 늦게, 수창팅은 조나단에게 찾아와서 어떻게 자신의 과거사와 죄목들을 그렇게 잘 알고 있느냐고 물었다. "처음에는 선교사님이 제가 지은 죄들을 모든 사람들 앞에서 이야기하는 것을 들으며 창피해 죽는 줄 알았습니다. 하지만 하나님이 나를 용서하신다는 말을 듣자 창피하다는 생각은 사라지고 하나님을 믿고 싶은 마음이 들더군요."

다음 날 아침, 아침식사를 마치고 나서 누군가 조나단의 현관문을 두드렸다. 조나단이 문을 열자 수창팅이 서 있었다. 그는 큰 목소리로 조나단에게 말했다. "목사님, 제 부친은 마을에서 존경받는 유교 학자이시고, 저희 집은 명문 가문에 속하는 집안입니다. 지난 밤 제가 예수님을 영접했다고 아버님께 말씀드렸더니 노발대발하시더군요. 저 뺨을 때리며 당장 집을 나가라고 하셨죠. 아내도 제게 침을 뱉으며 같이 못 살겠다고 야단이고, 제가 비서로 일하던 전기 회사에서도 해고를 당했습니다."

조나단은 어떻게 위로의 말을 건네야 할지 몰라 "그것 참…정말 안 되었군요…."이라고 더듬거리는데, 수창팅이 명랑한 목소리로 그의 말을 가로막았다. "아닙니다, 목사님! 지난밤에 저는 완전히 딴사람이 되었고, 기독교에 대해 더 깊이 알고 싶습니다. 선교사사님이 가시는 곳마다 저도 따라가겠습니다. 어젯밤, 제가 겪어 온 모든 과거사가 기도와 함께 마치 허물을 벗듯 벗겨져 나갔는데 어떻게 그런 일이 가능한지 알고 싶습니다. 이제는 그동안 헤어나지 못하던 술이나 여자나 담배를 아예 쳐다보고 싶지도 않습니다."

그는 갑자기 조나단의 손을 덥석 잡았다. "선교사님께서 가는 곳이라면 굶는 한이 있더라도 이 세상 끝까지 따라가겠습니다. 제 안에서 일어난 기적 같은 변화의 힘이 무엇인지 꼭 알고 싶습니다. 전에는 죽도록 미워하던 것도 이제는 좋아졌습니다. 의화단 사건이 일어났을 때 저는 외국인들을 무척이나 증오했고, 만약 제가 칼을 가지고 있었다면 당장 선교사님을 찔러 죽였을 겁니다. 그러나 이제는 어찌 된 노릇인지 선교사님을 위해 죽을 수도 있을 것 같습니다!"

조나단의 놀라움은 이루 말할 수 없었다. 그렇다면 이 남자가 자신이 기도했던 새로운 동역자란 말인가?

긴 시간 조나단은 수창팅에게 자신과 사역을 같이 하려면 어떤 고생을 해야 하는지 낱낱이 이야기했다. 집에서 쉴 시간은 별로 없을 것이며, 날마다 오랜 시간 걸어다녀야 하고, 때로는 사람들로부터 돌팔매나 침 뱉음을 당하기도 할 것이며, 배를 곯기도 할 것이다. 하지만 아무리 그런 애로사항을 나열해도 수창팅은 꿈쩍도 하지 않았다. 그리고는 "집에 가서 제 소지품을 챙겨 오겠습니다. 그러면 오늘부터 선교사님을 따라 어디든 갈 수 있을 겁니다"라고만 대답했다.

그의 말은 어김이 없었다. 알고 보니 수창팅은 매우 명석한 사람이었다. 그는 1년 만에 유능한 전도자가 되어, 조나단의 곁에서 지칠 줄 모르고 열심히 일했다. 그 뒤 조나단의 건강이 악화될 때까지 5년 동안 수창팅은 조나단의 신실한 동역자가 되었다.

1915년 중반에 조나단은 건강이 나빠져 병원을 찾게 되었다. 의사가 조나단의 상태를 진찰하고 엄격하게 경고했다. "고포스 선교사님, 당장 선교 사역을 그만두십시오. 만약 이대로 일하신다면 그건 마치 마약을 과다투여해서 스스로 목숨을 끊는 것이나 마찬가지입니다."

조나단은 의사의 충고를 받아들여 건강을 회복하기 위해

가족을 데리고 캐나다로 돌아갔다. 조나단은 쉰여섯, 로잘린 드는 쉰하나의 나이였다. 이제는 퇴임을 해도 당연한 일이겠 지만 조나단 고포스의 사전에는 '퇴임'이라는 말이 없었다. 할 일이 있고 목숨이 남아 있는 한 그는 사역을 하고 싶었다.

그러나 캐나다의 장로교단 선교부는 창더로 돌아가겠다는 조나단의 요청을 들어 주지 않았다. 비록 그가 허난성 지역 장로교 선교단의 창시자이자 지도자이기는 했지만, 창더는 기후가 좋지 않은 곳이기에 조나단이 다시 병이 들지 모른다고 우려했기 때문이었다. 선교부에서는 조나단에게 좀 더 기후가 온화한 곳에 가서 새롭게 자리를 잡는 것이 어떠냐고 제의했다.

악당 펑 장군의 회심과 대규모 천막 집회

다시 중국으로 돌아온 조나단 가족은 창더에서 남쪽으로 5백 km 정도 떨어진 고원지대인 크쿵샨이라는 곳에 정착하기로 했다. 크쿵샨은 일 년 내내 기후가 온화하여 요양지로 유명한 지역이었다. 처음에는 몇 달 동안 조용히 안정을 취하면서 새로운 환경에 적응할 계획이었으나, 도착 일주일 만에 받은 긴급요청을 도저히 거절할 수가 없었다. 펑위시앙이라는 장군의 요청이었는데, 이름은 진작 알고 있었지만 한 번도 만난 적은 없는 사람이었다. 펑 장군은 의화단 사건이 일어났을 때 19살의 군인이었다. 당시 그는 모든 외국인을 죽여 마땅하다고 생각하고 그 신념대로 행동에 옮겼다. 그는 파오팅푸 시에서 의화단 폭도들과 함께 그곳에 살고 있는 미국선교회 소속의 모든 외국인 선교사와 자녀들을 죽이고 중국인 개종자들도 전멸하라는 명령을 수행했다. 같은 해 여름에는 허난성 남부에 있는 선교사의 집을 불태워, 그 안에 있던 장로교 선교사들과 자녀들이 목숨을 잃기도 했다.

의화단 사건동안 펑 장군은 수많은 사람을 죽음으로 몰아넣었지만, 두 가지 사건만은 그의 뇌리에서 도무지 지워지지가 않았다. 파오팅푸에서 미국인 선교사들을 죽이려 할 때 한 여인이 기억에 남았는데 나중에 알아보니 그는 모렐이라는 여선교사였다. 모렐 선교사는 집 밖으로 뛰쳐나와 군인들과 폭도들을 향해 제발 자기를 죽이고 다른 선교사들의 목숨은 살려 달라고 애걸했다. 그럼에도 그들은 한 치의 양보도 없이 모든 선교사들을 죽이고 말았다. 시간이 지나면서 펑 장군은 그 순간을 되돌아볼 때마다 동료들 대신 자기를 죽여 달라던 모렐의 신앙과 용기가 잊히지 않았다. 자신에게는 그렇게 목숨을 내어 줄 친구가 한 명도 없건만, 도대체 그런 용기와 사랑이 어디에서 나오는 걸까? 또한 장로교 선교사들의 집을 불태울 때, 그 안에 있던 선교사들은 불길과 연기가 치솟는데도 누구 하나 겁에 질리거나 당황하지 않았다. 특히 잊히지 않는 장면이 있었다. 이층의 베란다에서 한 아버지가 자신의 어린 아들을 부드럽게 감싸 안고 불길 속에서 죽기를 기다리는 장면이었다. 아들을 위로하는 아버지의 얼굴이 그렇게 평안해 보일 수가 없었다. 또다시 펑 장군은 그런 평안이 어디에서 나오는지 궁금했다.

외국의 개입으로 의화단 사건은 마무리되었지만, 펑 장군은 계속해서 죽어가던 선교사들의 모습이 떠올랐고 당시 그의 마음속에 들었던 의문은 점점 커져만 갔다. 1911년, 펑 장군은 존 모트라는 미국인이 대규모의 기독교 집회를 연다는 소문을 듣고, 죽음 앞에서 보인 그리스도인들의 용기가 무엇이었는지 알고 싶어 그 집회에 참석했다. 결국 그는 그 집회에서 주님을 영접하게 되었다. 그날부터 펑 장군은 누구에게나 복음을 전했고, 군대 안에서도 양심적인 사람으로 인정받아 부하와 상사 모두의 존경을 받게 되었다.

펑 장군이 조나단에게 사람을 보내 요청한 내용은 자신의 지휘 아래 있는 수만 명의 병사들에게 와서 말씀을 전해 달라는 것이었다. 그의 부대는 양쯔 강 맞은편에 있었는데, 남쪽으로 사흘 동안 내려가야 하는 매우 더운 지방이었다. 시기적으로 볼 때 그곳으로 가기는 좋은 때가 아니었다. 찌는 듯한 무더위가 막 시작된 터라 조나단이 머무는 지역조차 덥게 느껴질 정도였다. 한술 더 떠서 남부지방에서 콜레라가 유행한다는 소문이 들렸다. 그래도 조나단은 한순간도 머뭇거리지 않았다. 놓치기에는 너무도 좋은 기회였다. 조나단 가족은 짐을 챙겨서 펑 장군과 부대 병사들을 만나러 갔다. 펑 장군은 조나단을 보자마자 자신이 개종한 이야기와 자기 부대에 잇는 수천 명의 군인들, 그리고 그들의 가족들이 주님을 영접한 사실을 이야기했다.

부대에서 전도집회를 하던 중에 어느 날, 조나단은 앞에 앉아 있던 펑 장군을 돌아보며 "장군님, 지금부터 9년 전, 그러니까 예수 그리스도를 믿기 전에 장군님은 어떤 사람이었는지 말씀해 주시겠습니까?"라고 물었다.

펑 장군은 망설임 없이 자리에서 벌떡 일어나 이야기를 시작했다. "그 당시 저는 완전히 악당이었습니다. 성질이 불같아서 심지어 장교가 잘못을 해도 소리를 고래고래 지르며 따귀를 때리곤 했습니다. 그때는 부하들이 나를 죽도록 미워했답니다. 기회만 주어지면 아마 나를 칼로 찔러 죽이고 싶었을 겁니다. 하지만 예수 그리스도께서 내 마음에 오시고 저를 다스린 다음부터는 그분의 크신 사랑이 저를 사로잡았습니다. 그때부터 저는 부하들에게도 더는 고약한 성질을 부리지 않게 되었고, 오직 사랑의 힘으로 살아가게 되었습니다. 오늘 밤 여기 모인 나의 모든 부하들은 나를 위해 죽음도 불사할 사람들이라고 확신합니다!"

그러자 모여 있던 병사들이 일제히 환호성을 질렀다. 모두 펑 장군을 지극히 사랑하고 존경하는 모습이 역력했다.

열흘 동안 하루에 두 번씩 전도집회가 열렸는데, 펑 장군은 천 명의 장교 모두 집회에 나오기를 기대했다. 집회가 끝날 무렵 조나단은 모두 507명의 장교들에게 세례를 주었고 수백 명에 이르는 그들의 아내와 자녀들에게도 세례를 주었다. 이로써 조나단 가족은 큰 힘을 얻고 집으로 돌아와 다음 사역을 준비했다.

조나단과 로잘린드의 거주지는 공식적으로 크쿵산이었지만, 두 사람은 계속해서 이곳저곳을 다니며 사역했고 한 곳에서 평균 닷새 정도밖에 머물지 않았다. 펑 장군은 다시 한 번 부대에서 설교해 달라고 부탁했고, 조나단의 설교를 듣고 세례를 받게 된 군인들은 총 4천 명에 이르렀다.

1920년 여름, 조나단 가족은 또 다른 난관에 부닥쳤다. 중국 북부와 중부에 극심한 가뭄이 들어 3천만 명에서 4천만 명에 이르는 중국인들이 기아에 허덕이게 되었다. 중북부에서 사역하는 모든 선교사들은 다른 사역들을 제쳐두고 어떻게든 사람들의 굶주림을 해결하는 일에 발 벗고 나섰다.

조나단은 도움을 주기 위해 창더로 갔지만 로잘린드는 병에 걸려 함께 갈 수가 없었다. 그러나 병든 와중에도 로잘린드는 수만 명의 목숨을 살리는 일에 큰 몫을 했다. 식량난을 해결할 방법을 곰곰이 생각하다가 구제 헌금을 요청하는 편지를 쓰기로 마음먹은 것이다. 크쿵산에 머물고 있던 선교사들이 전해 주는 이야기들을 바탕으로 한 장짜리 기도편지를 완성했다. 그리고는 그 편지를 등사 인쇄기를 갖고 있는 이웃에게 주어 150장의 복사본을 만든 다음, 주변에 살고 있는 모든 선교사들에게 그 복사본을 건네주었다. 로잘린드가 쓴 편지들은 24시간 안에 열 가지가 넘는 언어로 번역되어 세계 각지로 전해졌다.

곧 기아를 위한 구제헌금이 세계 여러 나라에서 들어오기 시작했다. 로잘린드도 구제 헌금으로 12만 달러를 받았고, 다른 선교사들도 그와 비슷하거나 더 많은 액수의 헌금을 받았다. 결국 로잘린드가 반 시간 만에 완성한 한 장짜리 편지가 수십, 수백만의 생명을 살리는 역할을 톡톡히 해냈다. 편지의 힘은 또 다른 면에서 증명되었다. 중국인들의 마음 문이 열려 선교사들의 전도에 귀를 기울이게 된 것이다.

물론 그런 좋은 기회를 놓칠 조나단이 아니었다. 그는 창더 전역에 걸쳐 대규모 천막집회를 계획했다. 로잘린드도 그와 합류했다. 때는 초겨울이었으므로 두 사람은 매서운 추위 속에서 복음을 전했다. 갈라진 벽 틈으로 찬바람이 불어오고 비가 줄줄 새는 낡은 오두막에서 잠을 잤지만, 그해 겨울 주님 앞으로 돌아온 3천 명의 영혼들을 생각하면 그 정도의 고생은 아무것도 아니었다.

여름에는 다시 펑 장군의 부대를 방문해서 설교했다. 그의 부대를 다시 찾아가는 것도 신이 났고 지역신문에 난 그 부대군인들에 대한 기사도 무척이나 감동적이었다.

> 우리나라 군인들은 민간인의 집이나 공공장소를 차지하고 마음에 드는 것들을 강탈해서 돈을 벌기도 한다. 부녀자들 또한 그들의 손아귀에서 벗어나지 못하니 지옥에서 온 군인들이라 부르는 것도 무리가 아니다. 그러나 펑 장군의 휘하에 있는 군인들만은 이 도시에서 아무것도 함부로 하지 않고 어느 누구도 괴롭히지 않는다. 장군 자신조차 부하들처럼 천막에 거주하며 부대에 필요한 물건은 제값을 치르게 하고 직위를 남용하는 법이 없다. 사람들이 그들을 천국에서 온 군인들이라고 부르는 이유가 여기에 있다.

그와 같은 기사를 대하는 기쁨은 이루 말할 수 없었다. 하나님의 말씀은 삶을 변화시키는 능력이 있다고 늘 설교해 왔는데 이제 중국인들은 그런 능력을 실제로 체험하고 있지 않은가! 고국에 보내는 편지에 조나단은 다음과 같이 적었다.

> 제 나이가 어느덧 예순 다섯이 되었는데…,
> 이렇게 영혼을 살리는 사역을 이십 년만 더 할 수 있다면
> 더할 나위 없이 좋겠습니다.

한편, 태평양 건너 캐나다 장로교단 선교부에서는 조나단의 남은 생애에 영향을 미칠 결정을 내려 두고 있었다. 그러나 안식년을 맞아 캐나다에 들어가기까지 조나단 가족은 그 사실을 모르고 있었다.

영혼 구원을 향한 열정

펑 장군이 조나단에게 사람을 보내 요청한 내용은 자신의 지휘 아래 있는 수만 명의 병사들에게 와서 말씀을 전해 달라는 것이었다. 그의 부대는 양쯔 강 맞은편에 있었는데, 남쪽으로 사흘 동안 내려가야 하는 매우 더운 지방이었다.…찌는 듯한 무더위가 막 시작된 터라 조나단이 머무는 지역조차 덥게 느껴질 정도였다. 한술 더 떠서 남부지방에서 콜레라가 유행한다는 소문이 들렸다. 그래도 조나단은 한순간도 머뭇거리지 않았다. 놓치기에는 너무도 좋은 기회였다. 조나단 가족은 짐을 챙겨서 펑 장군과 부대 병사들을 만나러 갔다. (210–211쪽)

질병으로 인해 요양차 머물게 된 크쿵샨 지역에서조차도 조나단의 마음속에서 불타는 구령의 열정은 전혀 사그라지지 않았다. 이미 수십 년을 중국 곳곳을 다니며 복음을 전하는 데 온전히 바쳤기에 얼마든지 약해진 몸을 챙기는 데 집중하거나 잠시 쉬어 가고자 할 수도 있었다. 그러나 그의 갈망은 오직 하나님의 말씀을 들어 보지 못한 이들에게 복음을 전하는 것뿐이었다. 그렇기에 찌는 듯한 무더위도, 생명을 위협하는 전염병도 그를 막지 못했다. 조나단은 망설임 없이 그들을 만나러 갔고, 하나님은 그 순전한 믿음과 열정을 사용하셔서 수많은 병사들의 영혼을 구원하셨다.

> "나의 달려갈 길과 주 예수께 받은 사명 곧 하나님의 은혜의 복음 증거하는 일을 마치려 함에는 나의 생명을 조금도 귀한 것으로 여기지 아니하노라"
> (행 20:24).

Chapter 9

예수 그리스도의 충성된 종

고국에 돌아온 조나단 고포스는 4백 개가 넘는 집회에 참석하느라 눈코 뜰 새 없이 바빴다. 집회 중에 많은 사람이 "선교사님, 이제 퇴임하실 겁니까?"라고 물었지만, 그럴 때마다 조나단의 대답은 한결같았다. "저는 가만히 흔들의자에 앉아서 죽기만을 기다릴 수는 없습니다. 아직도 할 일이 많은 걸요!"

그러나 장로교단 선교부는 재정적인 어려움을 겪고 있었다. 이미 재정 적자가 16만 6천 달러를 초과한 상태였으므로 그들은 어떻게 하든 지출을 줄일 방법을 모색했다. 한 가지

방법은 중국에서 하는 여러 가지 사역을 다른 선교단체의 사역과 통합하는 것이었다. 이 계획에 따르면 선교사들의 숫자도 줄어들 뿐 아니라 후원하는 선교기지도 줄어들었다. 그리하여 창더를 포함한 허난성 북부 지역이 '연합 선교'라는 새로운 이름으로 통합사역을 하기로 결정이 되었다.

하루아침에 조나단은 제2의 고향이며 사역의 터전이 되어 왔던 지역에서 아무런 역할도 하지 못하는 신세가 되고 말았다. 그러나 어느덧 백발이 성성해진 예순 다섯의 조나단은 끝내 선교 사역을 포기하지 않고 다른 방법으로 중국에 들어갈 길을 찾았다. 그는 선교사가 전혀 없는 지역에 들어가 새로운 선교기지를 세우겠다고 장로교단 선교부를 설득하여 마침내 허락을 받아냈다. 여전히 중국은 정치적으로 불안정한 상황이었으므로 어디에서 사역을 할지는 조나단이 중국에 돌아가서 자체적으로 결정하기로 했다.

이제는 만주 지역으로

그 뒤 2년 동안 조나단과 로잘린드는 중국 전역을 다니며 전도집회를 열고 새로운 선교기지를 세울 만한 장소를 물색했다. 그러나 아무리 열심히 찾아도 그럴 만한 지역이 나타나지 않았다. 적당한 장소를 찾았다고 생각할 때마다 그곳에 거주할 길이 막혀 두 사람은 다시 새로운 장소를 찾지 않으면 안 되었다.

1926년 말에 조나단은 만주 뉴창에 있는 아일랜드 장로교 선교회로부터 한 장의 편지를 받게 되었다. 편지에 의하면 지난 한 해 동안 많은 중국인들이 중국의 정치 소요를 피해 자원이 풍부한 만주로 이주해 왔다는 것이다.

만주는 중국의 북동쪽 끝에 위치한 지역으로, 남으로는 황해, 서로는 몽골, 북동으로는 러시아와 한국에 인접한 지역이었다. 러시아와 일본이 만주를 차지하려고 기회를 넘보고 있었다. 러시아는 철도를 놓아서 인구가 희박한 지역에 그들의 세력을 확장하려고 했으나, 1926년에 러시아의 세력이 줄어들면서 일본이 만주를 손아귀에 넣었다. 미국 서부에 철도가 놓이자 많은 미국인들이 서부로 대이동을 했듯이, 중국인들도 만주에 놓인 철도를 따라서 정착지와 농경지를 찾아 이동해 왔다. 그와 함께 철도 주변에는 새로운 마을과 도시들이 생겨났고, 이전에는 선교사들의 발길이 닿지 않던 지역까지도 선교사들이 들어갈 수 있게 되었다.

캐나다 선교부에서는 만주에 정착하려는 조나단을 말렸다. 그는 이제 칠순에 가까운 나이였고 로잘린드는 잦은 병치레로 건강이 좋지 않았다. 나이 많은 선교사가 병든 아내를 데리고 만주 내지로 들어가 사역한다는 것은 누가 봐도 무리였다. 그러나 조나단은 고국에서 전해 오는 우려의 목소리에 귀를 기울이지 않았다. 하나님이 만주로 두 사람을 이끄신다는 확신이 있었기에 그는 조금도 흔들리지 않았다.

그러나 조나단의 과감한 시도에 감명을 받은 사람들도 있었다. 그들 중 토론토의 녹스 대학을 졸업한 앨런 러크라고 하는 청년이 조나단 부부와 함께 사역을 하게 되었다. 또 네덜란드 출신의 여선교사 애니 코크와 뉴질랜드인 여선교사 낸시 그래함도 합류했다. 이러한 젊은 선교사들과 함께 일하게 된 것은 조나단 부부에게는 큰 힘이 되었다. 그들은 모두 만주로 들어가기를 희망했다. 그러나 그들은 아직 중국어가 유창하지 않았으므로 초기의 사역은 모두 조나단 부부의 어깨 위에 지워졌다.

마침내 1927년 1월 23일, 기차역에는 다섯 명의 선교사들이 타고 갈 만주행 기차가 도착했다. 그날 아침 일찍 조나단은 로잘린드를 데리고 인근 병원에 가서 진찰을 받게 했는데, 예순두 살의 로잘린드는 몸무게가 20kg이나 빠졌고 매우 연약한 상태라는 진단을 받았다. 그러나 로잘린드는 새로운 선교기지를 세우는 일에 누구 못지않게 열심이었다.

그해 겨울은 기록에 남을 정도로 유독 강추위가 기승을 부렸는데, 그들이 만주 남부에 도착했을 때는 강한 눈보라가 몰아쳤다. 조나단은 여태껏 조국인 캐나다 북부에서조차 그렇게 혹독한 추위는 경험한 적이 없었다. 그러나 기차가 창춘 역에 도착하자 추위에도 불구하고 선교사들은 모두 흥분을 감추지 못했다. 조나단 부부와 두 명의 여선교사들은 얼마 동안은 창춘에 머물고, 앨런 러크 선교사는 쓰핑카이에 가서 집을 구하기로 했다.

창춘에서 앨런 러크를 기다리는 동안 조나단은 날마다 열심히 신문을 읽으며 중국에서 함께 사역했던 사람들로부터 편지가 도착하기를 기다렸다. 신문 기사는 날이 갈수록 불길한 소식들로 점철되었다. 중국이 다시 한 번 내전에 휘말린 게 분명했고, 이번에도 외국인들이 증오의 대상이 되었다. 대부분 선교단체들은 선교사들이 중국을 떠나도록 조처하면서 남는 선교사들의 안전은 보장할 수 없다고 경고했다.

만주의 정치 상황은 그나마 덜 심각했지만, 남부의 소요가 어느 순간에 만주까지 퍼질지 알 수 없는 노릇이었다. 게다가 호시탐탐 만주에 세력을 뻗칠 기회를 노리는 일본이 그러한 정치 상황을 악용할 가능성이 높았다. 신양에 있는 영국 영사는 조나단을 비롯해서 모든 영국인들에게 편지를 보내 즉시 중국을 떠나라고 지시했다.

선교사들이 보낸 편지는 이전에 조나단이 가려고 시도했던 장소들도 모두 외국인들에게 문을 닫고 있다는 소식을 전했다. 조나단은 자신이 아직까지 선교사들이 머물며 사역할 수 있는 만주에 있다는 것에 감사했다.

얼마 후 앨런 러크로부터 집을 구했다는 연락이 왔다. 쓰핑카이의 큰길 옆에 있는 집이고 다섯 명이 함께 살 수 있을 만큼 넓으며 집회 장소로 쓸 공간도 충분하다고 했다. 그러나 한 가지 문제가 있었다. 집세가 너무 비쌌고 집주인이 일 년치 집세를 한꺼번에 지불해 달라고 요구하는 것이었다.

어떻게 한단 말인가? 영국 영사는 언제든 떠날 준비를 하고 있으라고 하지만, 선교에 적절한 집을 찾지 않았는가? 그 집을 얻기 위해 1년 치 집세를 지불해야 할까? 만약 그 돈을 지불했다가 곧 바로 떠나야 하는 상황이 되면 선교회의 재정에 큰 손해가 날 것이다.

그러나 조나단은 밤새워 기도한 후 앨런에게 전보를 쳐서 그 집을 얻으라고 했다. 그리고 1927년 4월 28일, 조나단, 로잘린드, 애니, 낸시는 쓰핑카이로 갔다. 도착 즉시 네 사람은 집 안을 정리하기에 바빴다. 조나단은 자신의 오랜 동역자였던 수창팅에게 편지를 보내 혹시 만주로 와서 복음을 듣지 못한 수백만의 사람들에게 전도할 의향이 있느냐고 물었다.

5월 초순에 그들은 집회를 열기 시작했는데, 5월 말 무렵에는 모든 일들이 예상보다 순조롭게 풀려나갔다. 영국 영사로부터는 더는 탈출하라는 지시가 오지 않았고, 매일 설교를 듣기 위해 수많은 남녀들이 집회 장소로 모여들었다. 날마다 평균적으로 열두 명의 사람들이 주님을 영접했으며 6월 1일에는 교인이 2백 명으로 늘어났다. 게다가 수창팅마저 합세하여 조나단의 기쁨은 이루 말할 수 없었다.

더 많은 동역자들과 함께

그럼에도 조나단은 사역자가 더 많다면 훨씬 더 많은 사람이 복음을 듣게 되리라는 아쉬움을 떨칠 수가 없었다. 그는 캐나다의 장로교단 선교부에 편지를 보내, 만주에서의 선교 사역 기회가 활짝 열렸음을 알렸다. 그의 편지를 읽고 더 많은 선교사를 파송해 주기 바라는 마음에서였다. 그는 5월 한 달 동안 2백여 명의 사람들이 주님을 영접하는 모습이 더할 나위없는 기쁨이었다며, 만주의 다른 지역에 십여 개의 기지를 더 세워 일할 수 있다면 그곳에서도 분명 동일한 일들이 일어나리라 믿는다고 전했다.

고국에 있는 선교부에서 답장이 오길 기다리는 동안 그는 미리 준비를 서두르기 시작했다. 선교사들이 와서 일할 곳으로 만주보다 적절한 장소는 없어 보였다.

마침내 캐나다에서 답장이 도착했다. 그러나 조나단이 애타게 기다리던 소식은 아니었다. 장로교단 선교부에서는 만주에 선교의 문이 열린 점을 감사하고 조나단 일행이 그곳에서 선교하는 것을 적극 후원하겠지만, 더 많은 선교사를 파송할 계획이나 재정은 없다고 말했다.

조나단 일행에게는 대단한 실망이었다. 추수를 앞둔 거대한 밭 앞에서 아무도 일손을 거들지 않는 것과 똑같은 기분이었다. 그들에게는 기도하는 수밖에는 다른 방도가 없었다. 조나단은 집회 장소가 내려다보이는 작은 방에 모든 선교사들을 불러 모았다. "캐나다의 교회들은 나를 몹시 실망시켰습니다. 그러나 허드슨 테일러의 하나님이 바로 우리의 하나님입니다. 우리가 하나님을 바라본다면 하나님은 절대로 우리를 실망시키지 않으실 것입니다. 이곳의 사람들은 반드시 복음을 들어야 하고, 지금의 몇 명 안 되는 우리 사역자의 숫자로는 도저히 그 일을 감당할 수 없습니다. 만약 캐나다 선교사들이 복음화의 통로가 되지 못한다면 우리는 중국인들을 불러 모읍시다."

그 말을 하는 중에 한 가지 계획이 조나단의 머리에 떠올랐다. 조나단과 친분이 있는 헤이즈 박사라는 사람이 중국 북부에서 성경대학을 운영하고 있었다. 혹시 헤이즈 박사에게 부탁한다면 사역자를 보내 줄 수 있을지도 모른다. 조나단은 즉시 박사에게 편지를 보냈다. 그런데 단 이틀 만에 헤이즈 박사로부터 편지가 도착했다. 조나단의 편지를 받기 전에 헤이즈 박사가 먼저 써서 보낸 것이 분명했다.

조나단은 편지를 뜯어 읽기 시작했다. 편지의 내용은 정치 소요 때문에 그 지역의 모든 기독교 사역을 중단해야 한다는 것이었다. 헤이즈 박사가 운영하는 대학에는 60명이 졸업을 앞두고 있는데, 박사는 앞으로 그들이 가서 일할 사역지가 없다는 말과 함께 혹시 졸업생 중 일부가 조나단의 사역지에서 일할 수 있는지 물어 왔던 것이다.

"여보! 여기 와서 이것을 읽어 봐요! 하나님이 우리의 필요를 공급하셨어요!" 조나단이 너털웃음을 지으며 로잘린드를 불렀다. 그들의 기도에 이렇게 빠른 응답이 왔음을 기뻐하며 로잘린드가 반문했다. "그럼 몇 명의 사역자를 오라고 하실 건가요?"

"박사에게 모두 다 보내라고 해야겠어요."

"하지만…. 그 많은 사람을 먹이고 재울 돈이 어디서 나오겠어요? 지금 우리에게는 최대한 다섯 명이 살아갈 돈밖에 없잖아요." 로잘린드가 걱정스런 얼굴로 되물었다.

조나단이 로잘린드의 어깨를 토닥였다. "믿음을 가져요. 하나님이 그들을 우리에게 보내 주신다면, 그들이 먹고 살 돈도 함께 보내시지 않겠어요?"

로잘린드는 더는 아무 말도 하지 않았고, 조나단은 서둘러 헤이즈 박사에게 답장을 보냈다. 놀랍게도 그 뒤 몇 주 동안 조나단이 우편물을 받을 때마다 그 안에는 항상 수표가 들어 있었다. 어느 누구에게도 그 사실을 알리지 않았는데도 헌금이 계속해서 도착하는 것을 보고 로잘린드를 비롯한 모든 선교사들이 놀라 입을 다물지 못했다. 그러나 조나단은 놀라지 않았다. 새로운 사역자들이 오게 되면 그만큼의 필요한 재정도 들어오리라고 믿었고, 실제로 그의 믿음대로 이루어졌다. 한 달이 지나 사역자 60명이 도착했을 때, 그들에게는 두 달 동안의 급여를 지불할 만한 재정이 이미 모인 상태였다. 조나단은 이를 하나님이 자신의 사역을 도우시는 증거로 여겨, 헤이즈 박사에게 만주에 오고 싶은 학생이 있으면 얼마든지 더 보내 달라고 요청했다.

도착한 사역자들은 곧 바로 사역을 시작했고, 조나단은 언제나 그들에게 제때에 급여를 지불할 돈이 생겼다.

겨울이 오자 전염병이 발병하여 그 지역에 사는 사람의 3분의 1이나 목숨을 잃고 말았다. 만주 사람들은 그 어느 때보다 절실하게 하나님을 찾았고 하나님의 사랑을 필요로 했다. 겨울 동안 조나단의 집이자 집회 장소는 매우 요긴한 곳이 되었다. 그곳에는 항상 따뜻하게 불을 피워 놓았기 때문에 길을 가던 사람들이 추위를 피해 잠시 안으로 들어와 난로 곁에서 몸을 녹이며 선교사들과 이야기를 나누곤 했다. 그러면서 많은 사람이 생애 처음으로 복음을 듣게 되었다.

이듬해 봄, 쓰핑카이의 모든 사역은 더욱 활기를 띠었다. 구세군에서 훈련을 받은 낸시 그래함 선교사는 남자들이 가득한 집회에서도 열변을 토하며 설교하는 전도자였고, 애니 코크는 주로 여인들에게 전도했으며, 헤인즈 박사가 보낸 중국인 사역자들은 사람들의 집을 심방하거나 돌아가며 집회에서 말씀을 전했다.

쉬지 않고 사역을 계속하다

어느덧 예순 아홉의 고령이 된 조나단 고포스였지만 그의 열정은 여전했다. 그는 또다시 새로운 지역으로 이동할 준비를 하고 있었다! 이번에 그가 눈여겨 본 장소는 타오난이라는 곳으로, 철도를 따라가면 나오는 두 번째 큰 마을이었다. 앨런 러크도 조나단과 함께 일하며 1928년 봄에는 복음이 전해진 적이 없는 지역에 최초의 교회를 세우기에 이르렀다.

그들은 다시 집을 빌려서 집회 장소로 쓸 선교기지를 만들어야 했다. 그러나 집회를 시작하기 전에 해야 할 일이 많았다. 그들이 구한 집은 집주인이 내부에 있던 나무들을 완전히 뜯어 버려 창문뿐 아니라 창틀, 문틀, 심지어 문조차 없었다. 조나단이 집주인에게 왜 그런 것들을 떼어 갔냐고 묻자, 주인은 타오난 지방에서는 원래 집을 세줄 때 그렇게 하는 것이 관습이라고 했다. 집에 들어오는 세입자마다 문과 창문을 새로 달아야 하는 것이다. 집회 장소를 마련하기 위해 조나단과 앨런은 문들부터 새로 달고 고쳐야 했다.

마침내 집안 손질이 끝나고, 새로운 창문과 문들을 달고 나서 집회와 예배를 드리기 위한 큰 방에는 의자들을 놓았다. 며칠 만에 많은 사람이 조나단과 앨런의 설교를 들으러 몰려들었다. 단 2주 만에 타오난에는 4백 명의 개종자가 생겼다. 조나단은 즉시 쓰핑카이에 사람을 보내 새로운 개종자들을 양육할 사역자들을 보내라고 요청했다.

어느 날 저녁, 난로 옆의 부러진 의자에 앉아 있던 조나단은 갑자기 지금까지 살아온 자신의 삶이 얼마나 보람된 삶이었는지를 돌이켜보았다. 그는 옆에 있는 로잘린드를 바라보며 말했다. "복음을 위해 이런 타지에 와 있다는 사실이 정말 멋지지 않나요? 나는 영국의 왕궁에 있기보다는 여기 있는 것이 훨씬 좋군요." 이러한 조나단의 열정은 함께 일하는 모든 사역자들에게 언제나 든든한 힘이 되어 주었다.

그런데 타오난의 새로운 선교기지가 문을 연지 한 달 만에, 낸시 그래함 선교사가 쓰핑카이를 떠나 통리아오라는 곳에 가서 새로운 선교기지를 세우겠다고 전갈을 보내 왔다. 조나단으로서는 약간 곤란한 상황이었다. 하나님의 인도하심을 따라 옮기겠다는 낸시의 결정은 존중하지만, 쓰핑카이 선교기지는 워낙 사역이 방대하기에 노련한 책임자가 있어야 했다. 애니 코크 선교사는 남자들을 위한 사역에 적합한 사람이 아니었기에, 타오난 교회의 개종자들은 앨런 러크에게 맡기고 조나단은 쓰핑카이로 돌아갈 수밖에 없었다.

조나단 부부가 쓰핑카이에 돌아온 때는 혹독한 추위가 기승을 부리는 겨울이었다. 그들이 사용하는 방은 집회장소 바로 위쪽이었는데 난로가 있는 방은 유일하게 그들의 침실뿐이었다. 따라서 계란, 사과, 우유, 감자 등의 음식들은 얼지 않도록 그들 방의 침대 밑에 넣어 두었다. 심지어 난로에서 불길이 치솟아도 아침이 되면 주전자에 고드름이 달렸다.

그해 겨울 조나단은 치아에 문제가 있어 1928년 12월에는 모든 이를 뽑아야만 했다. 그러나 치료의 결과가 좋지 않아, 감염된 아래턱으로 인한 통증이 너무 심해서 넉 달 동안이나 침실에서 나오지 못할 정도였다.

그 즈음, 조나단의 막내아들 프레드가 잠시 중국을 방문했다. 프레드는 타자기를 갖고 왔는데, 그동안 아버지가 했던 일들을 기록으로 남기고 싶어서였다. 매일 아침 아버지는 아들과 마주 앉아 낡은 일기장을 들춰 가며 지난 시절의 선교 경험들을 이야기했다. 4개월 후 프레드는 아버지의 선교 기록이 담긴 원고를 갖고 중국을 떠났다. 그 원고는 《나의 영으로》(*By My Spirit*)라는 제목으로 이듬해에 출간되었다.

질병도 막을 수 없는 열정

어느덧 다시 한 번 조나단 부부가 캐나다에 돌아가 안식년을 가질 때가 되었다. 로잘린드는 시력이 나빠져서 안과 치료를 받아야 했다. 그런 이유만 없었다면 그들은 안식년 없이 만주에 남아 있기로 했을지도 모른다. 두 사람은 30명의 전도자와 교회 사역자들에게 사역을 맡겼다. 전도자와 사역자들의 급여는 계속해서 도착하는 헌금으로 충당되고 있었다.

안식년 중에 조나단 부부는 캐나다와 미국의 동부를 돌면서 만주에서의 선교 사역에 대해 이야기했다. 이제는 조나단조차 시력이 나빠져서 제대로 볼 수가 없었다. 오른쪽 눈의 각막이 떨어져 나간 것이다. 몇 차례 수술을 시도했지만 결국 실패하여, 조나단은 오른쪽 눈의 시력을 영구적으로 잃고 말았다. 반면에 로잘린드의 눈 수술은 완벽한 성공을 거두어 이전과 같은 시력을 회복하게 되었다.

조나단은 이번의 병치레도 책을 쓰는 기회로 삼았다. 예전에 허난성에서 선교사로 일했던 마가레트 게이라는 간호사가 조나단이 불러 주는 이야기를 타자기로 쳐 주었고, 그것이 바로 세간에 유명해진 《중국에서의 기적적인 삶》(*Miracle Lives of China*)이라는 책이었다.

1931년, 조나단과 로잘린드는 다시 한 번 선교지를 향해 떠났다. 두 사람은 배의 갑판에 올라 워싱턴 주의 올림픽 산이 점차로 시야에서 멀어지는 모습을 지켜보았다. 어쩌면 그것이 마지막으로 북아메리카를 보는 순간일지 모른다는 생각이 들었다. 그들은 남은 생애를 선교지에서 보내겠다는 비장한 결심을 한 것이었다.

두 사람은 여전히 만주에서 사역하며, 가끔 창더에 들러 휴가를 보냈다. 그러나 휴가차 창더에 가도 조나단은 하루에 네 번씩 일주일 동안 집회에서 설교했다. 조나단의 집회 때마다 8백 명에서 천 명의 사람들이 모여들었다. 창더에 있는 동안 조나단과 로잘린드는 30년 전에 그곳에 묻힌 세 명의 자녀들의 무덤을 돌아보았다. 1902년 10월, 콘스탄스가 죽고 나서 남은 아이들을 돌보아 달라고 울며 하나님께 기도한 로잘린드의 기도대로 그 후 단 한 명도 목숨을 잃은 아이가 없었다. 나란히 놓여 있는 세 개의 무덤을 바라보며 조나단은 그것이 그 무덤들을 바라보는 마지막 순간이 되리라고는 예상치 못했다. 얼마 후 그는 왼쪽 눈의 시력마저 잃어 완전히 앞이 보이지 않게 된 것이다.

1933년 3월, 조나단의 왼쪽 눈에 이상한 느낌이 들면서 앞이 캄캄해졌다. 로잘린드가 조나단을 데리고 베이징의 유능한 의사를 만나보았지만 2년 전 조나단의 오른쪽 눈처럼 왼쪽 눈의 각막이 떨어져 나갔다고 했다. 여러 번의 눈 수술에도 불구하고 조나단은 영원히 앞을 못 보는 사람이 되고 말았다.

한동안 조나단은 그것으로 자신의 선교 경력이 끝났다고 생각했다. 이제 더는 읽고 쓰지도 못하고, 사람들의 얼굴도 볼 수 없었다. 그러나 앞이 보이지 않는 생활에 익숙해지고 나자 그는 여전히 자신이 할 수 있는 일이 많음을 발견했다. 그동안 조나단은 성경 전체를 73번 통독했고, 대부분 신약을 영어와 중국어로 암기했다. 중국인 신자들이 조나단을 찾아오면 그는 그들의 이야기를 주의 깊게 듣다가 문제 해결에 적합한 성경구절을 말해 주곤 했다. 기도하는 것도 문제가 없었고, 누군가 대필을 해주면 만주 지역에서 일하는 동료 사역자들에게 편지도 보낼 수 있었다. 베이징에서 만주로 돌아온 조나단은 새로운 확신에 차 있었다. 앞이 보이지 않아 어려움은 있었지만 자신이 해야 할 일을 접어 둘 필요는 없었다.

중국인 신자들의 놀라운 믿음

조나단과 로잘린드가 만주로 돌아왔을 때 그 지역에는 그 어느 때보다 큰 긴장감이 감돌고 있었다. 일본은 만주에 꼭두각시 정권을 세우고 자신들의 이익을 취하기에 혈안이 되어 있었다. 곳곳마다 산적과 강도떼들이 들끓었다. 때로는 천여 명의 강도들이 떼로 몰려와 마을이나 도시 전체를 점령하고 강탈과 파괴를 일삼기도 했다. 강도 떼들은 기독교를 비롯해서 외국과 연관이 있는 것이면 가만두지 않았다. 그들은 중국인 신자들을 죽이고 교회들을 불사르는 데 특히 열을 올렸다. 그러나 핍박에도 불구하고 대부분 그리스도인들이 굳은 믿음을 지키는 모습에 조나단은 감사할 수밖에 없었다.

강도들 앞에서도 굴하지 않고 담대한 용기를 발휘한 이야기들이 차례로 들려왔다. 그중에서도 가장 감명 깊은 이야기는 쑨원과 쑨구앙이라고 하는 소녀들의 이야기였다. 사촌 자매인 쑨원과 쑨구앙은 각각 열두 살과 열네 살로, 그들의 가족은 쓰핑카이 북쪽에 있는 팡치아툰 교회의 신자들이었다. 조나단이 팡치아툰에 들렀을 때 쑨원이 자신이 강도 떼를 만난 이야기를 들려주었다.

"3주 전이었어요. 어머니가 문밖에 강도들이 왔다고 소리쳤어요. 모두 겁에 질려 얼른 뒷마당으로 나가서 집 밖으로 도망가는데, 쑨구앙 언니가 안 보이는 거예요. 제가 언니를 찾고 있는데 강도들이 현관문을 부수는 소리가 났어요. 그때 언니가 자기는 창고에 있다고 소리치는 것이 들렸지만 제가 창고로 도망가기는 이미 늦어 버렸죠. 저는 어쩔 수 없이 무릎을 꿇고 기도를 드렸어요. 스무 명 정도 되는 아저씨들이 뛰어 들어오면서 두목 같은 아저씨가 제 멱살을 잡고 '빨리 네 아버지가 어디 있는지 말해! 안 그러면 당장 죽일 테다!'라고 하잖아요. 그래서 '저는 몰라요'라고 말했죠. 진짜로 저는 우리 가족이 어디로 도망갔는지 몰랐어요."

쑨원이 잠시 말을 멈추었고 조나단은 다음 이야기를 듣기 위해 귀를 기울였다.

"아무튼 두목 아저씨는 더 화가 나서 제 목을 꽉 누르더니 '거짓말 하지 마! 바른대로 대지 못해?'라고 소리 질렀어요. 저는 '거짓말이 아니에요. 저는 그리스도인이에요'라고 말했는데, 그 순간 기발한 생각이 떠올랐어요. 그 사람에게 찬송가를 불러 주어야겠다는 생각이었어요. 그래서 '제가 좋은 노래를 불러 드릴게요'라고 했더니 그 사람이 저를 이상하다는 눈으로 보다가 멱살을 풀고 가만히 서 있더군요. 그래서 저는 찬송을 부르기 시작했죠. '예수 사랑하심은 거룩하신 말일세. 우리들은 약하나 예수 권세 많도다. 날 사랑하심, 날 사랑하심, 날 사랑하심, 성경에 써 있네' 처음에는 아무도 제 찬송을 듣는 사람이 없었어요. 온 집안을 돌아다니며 값나가는 물건들을 수레에 싣느라 정신들이 없었거든요. 그런데 한 사람씩 멈추어 서서 제가 부르는 찬송 소리를 듣는 거예요. 제가 찬송을 다 부르니까 어떤 아저씨들이 '노래를 더 불러 봐!'라고 했어요. 그때 창고에 숨어 있는 쑨구앙 언니가 생각났어요. 그래서 '저도 노래 부르기를 좋아하지만 제 사촌언니는 저보다 더 노래를 잘해요. 언니를 불러와서 함께 노래를 불러 드릴게요'라고 했어요. 그리고는 숨어 있는 언니를 나오라고 해서 함께 찬송을 불렀죠. 찬송이 끝나니까 두목이 '이 집은 털지 말자. 모든 물건들을 제 자리에 갖다 놔!'라고 했어요. 그리고는 큰 화병을 벽 밑에 끌어다 놓았죠. 그런데 떠나기 전에 그 두목이 어떻게 한지 아세요?"

"글쎄…. 어떻게 했는데?"

"주머니에서 돈을 꺼내더니 언니하고 저에게 각각 돈을 주었어요."

"그랬구나! 강도들이 옆에 있었을 때 무섭지 않았니?"

"아니요, 무섭지 않았어요. 예수님이 함께 계시잖아요."

그와 같은 상황에서 쑨원과 같은 용기와 믿음을 보일 사람이 캐나다 교인 중에는 과연 몇 명이나 될까 하는 생각이 조나단의 머리를 스쳤다.

조나단과 앨런의 성공적인 선교에도, 1933년 6월 캐나다 장로교단 선교부에서는 만주의 사역에 지원되는 후원금을 대폭 삭감하겠다고 알려 왔다. 당시 온 유럽과 북미대륙이 세계 대공황의 늪에 빠져 있었으므로 선교사들에게 보낼 후원금도 모자랐던 것이다. 처음에는 선교부의 결정으로 인해 고민이 되었다. 조만간 현지인 사역자의 일부를 돌려보내야 되는 것은 아닐까? 그럼 그 지역에 새로 세워진 40여 개의 교회들을 누가 돌본단 말인가?

그러나 조나단의 걱정은 기우에 그쳤다. 아주 흥미로운 일이 일어났기 때문이다. 조나단이 만주의 교인들에게 현지인 목사와 사역자들을 해고해야 될지도 모르겠다고 이야기하자, 교인들 스스로 분발하여 목사와 사역자들을 후원하겠다고 나섰다. 비록 캐나다로부터의 후원은 중단되었지만 재정이 모자라 만주의 사역자들을 해고하는 일은 일어나지 않았다. 사실 이제 막 시작된 만주의 교회들로서는 상당한 부담이었다. 그러나 1932년에는 만주의 교회들로부터 4,312달러의 헌금이 걷혀 교회, 운영금과 사역자들의 급여를 모두 충당할 수 있었다. 1934년 말에는 헌금액수가 무려 14,065달러에 이르렀다! 1932년에는 472명이 세례를 받았는데 1934년 말에는 세례를 받은 신자가 모두 966명이었다! 만주의 교회들은 해가 갈수록 왕성히 성장하고 있었다.

가슴 아픈 귀국

그러나 조나단의 건강은 날로 약화되었다. 그래도 여전히 만주 전역에서 전도집회를 계속 열었고, 사람들은 그의 설교를 들으러 몰려왔다. 그들은 궁금한 것을 열심히 질문하며 성경 말씀의 의미를 함께 토론하기도 했다. 조나단은 아내를 포함해서 어느 누구에게도 눈이 안 보인다고 불평한 적이 없었다. 1934년에는 병으로 사경을 헤맨 적도 여러 번 있었다. 처음에는 유행성 독감이었지만 나중에는 폐렴으로 악화되었다. 그래도 사역을 중단하지 않은 그였지만, 세 가지 연속된 사건이 그의 마음을 바꾸는 계기가 되었다. 먼저 토론토에서 유명한 한 장로교회의 목사가 조나단에게 편지를 보내 귀국을 고려해 보라고 권장했다. 조나단의 머릿속에서는 그 편지의 한 구절이 맴돌았다.

> 목숨이 다하는 날까지 사명으로 받은 자리를 지키겠다는 선교사님의 뜻을 십분 이해합니다. 그러나 고국에 돌아오는 더 큰 희생을 통해 선교사님의 축적된 선교 경력을 하나님이 사용하시어, 죽어 가는 고국의 교회들 가운데 선교의 불길을 당길지도 모르는 일입니다.

조나단은 귀국을 생각해 본 일이 없었고 그 편지도 크게 설득력을 발휘하지는 못했다. 만주에는 여전히 할 일이 산더미처럼 쌓여 있었다. 그러나 캐나다의 또 다른 저명한 목사가 편지를 보내 역시 조나단에게 귀국을 고려하도록 요청했다. 그러나 그것도 조나단을 설득하기에는 부족했다. 그때 로잘린드에게 심각한 병이 들었는데, 의사의 말로는 전문치료를 받지 않는 한 생명이 위독하다고 했다. 이제는 조나단도 어쩔 수 없이 귀국을 준비하지 않을 수가 없었다.

함께 일했던 동료들과 현지인들은 조나단 부부와의 작별을 무척이나 아쉬워했다. 만주에 설립한 48개의 교회들로부터 수천 명의 교인들이 사랑하는 선교사와 마지막 인사를 나누기 위해 찾아왔다. 그들이 손수 만든 비단, 공단, 벨벳 천 깃발이 쓰핑카이 교회를 눈부시게 장식했지만, 조나단의 눈에는 그 어느 것도 보이지 않았다. 로잘린드는 감격의 눈물을 훔치며 조나단에게 그 깃발들의 모습을 하나하나 자세히 설명해 주었다. 어느 깃발에는 "사랑을 남기고 떠나는 우리의 진정한 선교사님"이라고 쓰여 있었고, "예수 그리스도의 충성된 종"이라는 글씨가 쓰여 있는 깃발도 있었다.

마침내 조나단과 로잘린드가 기차를 타고 떠날 시간이 되자 조나단은 미어지는 가슴을 진정할 수가 없었다. 로잘린드가 기차 좌석에 앉아 눈앞의 장면들을 자세하게 이야기해 주었다. 조나단의 전도로 주님을 믿게 된 만주의 신자들이 사랑하는 선교사의 마지막 모습을 보기 위해 인산인해를 이루고 있었다. 기차 창문은 닫혀 있었지만 조나단은 자신이 그들을 얼마나 마음 깊이 사랑하는지 마지막으로 보여 주고 싶었다. 그는 고개를 숙이고 손을 가슴에 댄 후에 고개를 다시 쳐들었다. 언젠가 하늘나라에서 모두 다시 만날 것을 다짐하는 뜻이었다. 조나단의 몸짓을 바라보던 사람들의 눈가에 이슬이 맺혔고, 기차가 역을 빠져 나가는 동안에도 울음소리는 그치지 않았다.

영원한 안식으로

고국으로 돌아온 조나단에게 캐나다는 물론 미국에서도 설교를 부탁하는 요청이 쇄도했다. 건강이 호전된 로잘린드도 그와 함께 다녔고, 조나단은 작은 교회에서부터 대규모의 초교파 집회에 이르기까지 평균적으로 일주일에 열 번을 설교했다. 그의 설교 내용은 언제나 한결같았다. 선교의 문은 열려 있으니 더 많은 사람이 복음을 들고 땅끝까지 나가야 한다는 것이었다.

조나단은 청중에게 다음과 같이 질문하곤 했다. "선교지로 나가지 못하는 이유가 무엇입니까?" 그것은 50년 전 맥케이 박사가 포모사에 기회가 열렸고 더 많은 사역자들이 필요하다고 역설하면서 던졌던 동일한 질문이었다. 당시 조나단은 묵묵히 맥케이 박사의 질문을 듣고 있었던 사람 중 한 명이었다. 결국은 그 질문이 조나단을 머나먼 선교지에서 그토록 많은 열매를 맺도록 이끌지 않았는가! 이제 자신의 질문이 듣고 있는 젊은이들이 동일한 도전을 받아 선교지로 나가게 되기를 간절히 소망했다.

1936년 10월 7일은 평소와 하나도 다를 바가 없는 날이었다. 그는 집에서 65km 떨어진 한 교회에서 설교하고 밤늦게 집에 돌아왔다. 몸은 비록 고단했지만 많은 사람에게 말씀을 나누었기에 기뻤다. 그는 침대로 올라가서 곧 깊은 잠에 빠져들었다. 그리고 조나단 고포스는 영원히 깨어나지 않았다. 다음 날 새벽 그의 심장 박동이 멈춘 것이다. 그의 나이 일흔일곱 살이었다.

조나단 고포스의 장례식은 토론토의 녹스 대학에서 거행되었다. 그곳은 바로 49년 전 조나단이 강단 앞에 서서 중국 선교를 위해 자신의 삶을 헌신하기로 했던 장소였다. 보기 드문 성대한 장례식이었다. 많은 사람이 조나단이 이룬 위대한 업적에 대해 이야기했다. 또한 그는 관대함과 사랑이 넘치고, 시력을 잃어도 늘 변함없이 감사하는 사람이었다고 입을 모았다. 조나단은 중국에 전도의 문이 열린 것을 보고, 그 문으로 걸어 들어간 사람이었다. 그는 선교 역사에 길이 남을 탁월한 중국 선교사로서, 수없이 많은 중국인들을 하나님께로 인도한 위대한 발자취를 역사에 새겨 놓았다.

조나단 고포스에게 배우는
선교적인 삶을 위한 4가지 태도

1. 사람이 아닌 하나님 앞에서 살아간다.

조나단은 정치가가 되고자 준비하던 중 복음을 듣고 선교사가 되기로 결심했다. 사람들의 인정과 명성을 바랐다면 결코 내릴 수 없는 결정이었다. 또한 대학에서는 시골뜨기라는 이유로 모든 학생으로부터 심한 괴롭힘과 멸시를 받았지만, 사명을 더욱 굳게 붙들고 꿋꿋이 학업을 계속했을 뿐 아니라 전도 활동에도 열심을 냈다. 이런 조나단의 태도는 결국 학생들을 감화시켰고, 후에 그들은 모두 조나단의 든든한 후원자가 되었다. 하나님을 위해 살 때 때로는 사람의 인정을 받지 못하는 상황도 찾아온다. 그러나 그것이 가장 값진 것을 얻는 삶임을 기억하며, 그분 앞에서만 살아가자.

2. 상황과 대상에 상관없이 전도하는 것을 쉬지 않는다.

조나단은 대학생 시절 아무도 발을 들여 놓지 않는 빈민가를 다니며 전도했을 뿐 아니라 교도소에까지도 찾아가서 죄수들과 이야기를 나누곤 했다. 후에 선교지에 나가서도 여행 중 마주치는 사람들에게까지 전도했고, 요양차 머문 곳에서도 집회 요청이 들어오면 마다하지 않고 기쁘게 나가곤 했다. 우리는 우리가 내킬 때에만, 그리고 우리에게 좋아 보이는 사람에게만 전도하라고 부름 받은 것이 아니다. 아무리 힘들고 어려워 보이는 상황일지라도 복음 전하는 일에 결코 방해가 될 수 없다는 것을 기억하자.

3. 고난과 역경 중에도 하나님을 원망하지 않는다.

선교지에서의 조나단의 삶은 고난과 핍박의 연속이었다. 중국에 도착하자마자 화재로 모든 것을 잃었고, 외국인에게 적대적인 분위기로 인해 매일 목숨을 위협하는 공격을 당하기도 했다. 무엇보다 풍토병으로 자녀를 다섯 명이나 잃는 큰 슬픔도 겪었다. 그러나 그는 자신의 고난을 하나님이 주신 것으로 오해하여 하나님을 원망하지 않았다. 고통이 찾아올 때 낙심하거나 하나님께 실망하는 대신, 그분의 선하심과 도우심을 신뢰하자. 하나님을 더 깊이 의지하게 되고, 모든 어려움을 능히 이길 힘을 얻게 될 것이다.

4. 하나님의 돌보심을 온전히 신뢰한다.

조나단은 가족을 부양하는 일에도 계속 후원이 필요했지만, 선교 사역이 점점 커져 가는 가운데 더욱 많은 재정이 필요하게 되었다. 그러나 그는 한 번도 불안해하거나 걱정하지 않았다. 하나님이 자신에게 필요한 것을 공급하시리라는 확실한 믿음이 있었기 때문이다. 그는 이 믿음을 가지고 만주 지방에 선교기지를 세울 때 성경학교 졸업생 60명을 모두 초청했고, 얼마 지나지 않아 그 많은 사역자들의 월급이 기적적으로 공급되는 놀라운 역사를 목격할 수 있었다. 하나님은 우리를 부족함 없이 돌보시는 목자이심을 언제나 기억하자. 우리의 생각보다 더 놀랍게 채우시는 은혜를 매일 경험하게 될 것이다.

조나단 고포스의 생애와 연혁

1859년 캐나다의 옥스퍼드 카운티에서 태어나다.

1876년 레클란 캐머런 목사의 전도로 그리스도를 영접하다.

1881년 조지 맥케이 박사의 설교를 듣고 중국 선교사로 헌신하기로 결단하다.

1883년 녹스 대학 신학과에 입학하다.

1884년 캐나다 전역의 목사들에게 중국 선교의 필요성을 알리는 책자 발송 사역을 시작하다.

1887년 로잘린드 벨스미스와 결혼하다.

1888년 최초의 캐나다 장로교단 파송 중국 선교사로 중국에 도착하다.

1889년 창더 지역에 선교 기지를 세우고 본격적인 사역을 시작하다.

1990년 의화단 사건으로 인해 중국 서부로 옮겼다가 캐나다로 돌아가다.

1901년 다시 중국으로 돌아와 허난성 북부 전역을 다니며 교회를 세우다.

1907년 한국을 방문하여 그곳의 부흥을 목격하다.

1908년 중국 전역을 다니는 전도집회를 시작하다.

1909년 안식년을 맞아 고국으로 돌아가 캐나다 전역에서 선교의 필요성을 역설하다.

1910년 중국으로 돌아와 집회 사역을 다시 시작하다.

1927년 만주 지역에 새로운 선교 기지를 개척하다.

1931년 《중국에서의 기적적인 삶》(*Miracle Lives of China*) 출간되다.

1933년 두 눈을 완전히 실명하다.

1934년 건강 악화로 캐나다로 돌아오다.

1936년 자택에서 하나님의 품으로 돌아가다.

참고 문헌

Rosalind Goforth, *Jonathan Goforth* (Minneapolis, Minn.: Bethany House, 1986).

Rosalind Goforth, *Climbing: Memories of a Missionary's Wife* (Grand Rapids, Zondervan, 1940. Also Evangel Pub. House, 2008).

Jonathan and Rosalind Goforth, *Miracle Lives of China* (Grand Rapids: Zondervan, 1931).

조나단 고포스

지은이 자넷 & 제프 벤지
옮긴이 안정임

2014년 5월 2일 1판 1쇄 펴냄

펴낸곳 도서출판 예수전도단
출판 등록 1989년 2월 24일(제2-761호)
주소 경기도 고양시 일산동구 호수로 340-11 (백석동) 301호
전화 031-901-9812 · **팩스** 031-901-9851
전자우편 publ@ywam.co.kr
홈페이지 www.ywam.kr
주문 전화 031-908-9987 · 팩스 031-908-9986

ISBN 978-89-5536-447-7

책값은 뒤표지에 있습니다.
잘못된 책은 바꾸어 드립니다.